元禄六花撰

野口武彦
Noguchi Takehiko

講談社

元禄六花撰　目次

元禄六花撰

本書は書き下ろしです。

二流作家

一

「西鶴(さいかく)、西鶴いうたかて、ありゃナンボのもんじゃい」

だみ声がひびく。伏見から大坂へ下る淀川(よどがわ)の夜船である。胴の間に大あぐらで、わずかばかりの酒に酔った生意気そうな男がしきりに気炎を上げていた。

「やたら有名やけど、ほんとうはロクに字が読めまへん。学問がないから出まかせのアホばかり書きよる。読者にウケルことしか考えへん。底が浅いんや、ツウゾクなんや」

「先生、先生。チトお声が高い。どうかもそっと穏やかに願えまへんかいな」

あわてて当惑気味に制止しているのは、差し向かいで相手をつとめているふたりの男の片方。胴の間にぎっしり詰まっている相客(あいきゃく)に無遠慮な大声が響くのを気兼ねしているようだ。

さっきから辛抱強く若い男の世話を焼いていたが、相手はもうだいぶできあがって傍若無人のありさまだ。先方の迷惑そうな表情にも気づかず、滅多やたらにからみかかる。

「いくら世に好色本が流行(はや)るからといって、いつまで西鶴におんぶするつもりです？　たしかに偉かったにはちがいないが、もう死んでこの世にいないお方(かた)ばかりを頼りになさるのは精(しよう)のないことではおまへんか」

「そりゃよしあしの沙汰はいろいろおまっしゃろ。しかし、『西鶴なくなりて濡れの文（好色本）とどまれり』と世の口にも申します。和文にさまざまの創意工夫をもたらした点では、西鶴先生にまさる作者はござりますまい」

さしも温厚そうな相手がつい気色ばんだのにも気づかず、こちらはいよいよかさにかかり、ぐいぐい呷《あお》る酒の力もあって、どんどんあたり憚《はばか》らぬ大言壮語になる。

「だいたい西鶴は無学でおます。ろくに物を知らないクセにやたらに知ったかぶりで文章を書き散らすさかい、まちがいばかりしでかしはった。それにひきかえ、口はばったいがこの都の錦は、和漢の学問の筋をやわらかな文章に嚙みくだくコツを心得てます。いうたら、ボタモチのなかにカキモチをまぜた具合でんねん」

自画自賛が始まったのには、いかに人づきあいのよい飲み仲間もさすがにイヤな顔になり、大言壮語は聞き飽きたとばかり男を相手にせず、自分たちだけで盃の応酬をしだした。

周囲の船客は手代風の商人やら、大小を横たえた浪人者やら、父娘《おやこ》の巡礼姿やらいろいろだったが、大部分はしょっちゅう乗り合わせて顔見知りと見えて、そこここに輪を作って酒盛りが今やたけなわだ。

三十石船ともいわれるこの定期便の乗客定員は二十八人。いつもぎっしり詰め合わされてから発船するから、たいがいは満員である。

男は調子よく喋っているうちにひとりで眠りこんでしまって、胴の間へ横になり、いい気に高鼾《たかいびき》になっている。そんな酔っ払いはほったらかしにしてしんみり話しこんでいるのは、話の中身から、仕事の関係で定期的にこの夜船を利用している同業者仲間とわかった。ひとりは京都の升屋《ますや》青山為兵衛《あおやまためべえ》、もうひとりは大坂（大阪の旧表記）の吉野屋《よしのや》武兵衛《ぶへえ》。どちらも本屋仲間、当時の出版業者だ。

両人はどちらも本替えの業務のために、青山為兵衛は京都から大坂へ出張する途中、吉野屋武兵衛は京都での仕事をすませて大坂へ帰る途次、たまたま伏見の京橋から出る同じ夜船に乗り合わせたわけだった。「本替え」というのは、元禄《げんろく》の出版業界に特有の慣習。当時の出版業者は書肆《しょし》・本屋・書物問屋を兼業し、出版とか取次ぎとか小売とかの分業システムはまだなかったから、本屋相互が手持ちの書籍を交換し、ときどき不足本を「足し本」として在庫を揃える。

初めは、京都資本が公家・知識人対象として営業を独占していたが、元禄期からは大坂の出版資本によって庶民読者に向けた啓蒙書や仮名草子が刊行されて京都の独占が破られるにいたった。ことに井原西鶴の出現により、浮世草子（初めはよく「好色本」と混同された）が流行してからは、この大勢は決定的になった。

京都の青山為兵衛はひとりの若い男を同行させていた。それが、いま船中で大口を叩いていた青年だ。秘蔵っ子として売り出したい腹づもりか、大坂という新しい環境を見せようとしているらしい。ところがこの若僧は案に相違してだいぶ酒癖が悪く、さっきから連れを辟易《へきえき》させていた。

「やれやれ、やっと寝付いてくれはりましたな」

「いかいご苦労でござりましたな。少し名前が出たと思うと、若い者はすぐ鼻にかけるから困ります」

「たわいのないものじゃ。わずかの酒でほら、このとおり」

顎をしゃくって見せた先でだらしなく寝入っている男は、都《みやこ》の錦《にしき》という華麗な筆名でこの元禄十五年（一七〇二）三月、『元禄大平記《げんろくたいへいき》』という本を出してちょっとした評判を得たものだから、すっかりのぼせ上がっている現在売り出し中の浮世草子作者である。こき下ろされている井原西鶴は九年前の元禄六年（一六九三）八月に世を去っていたが、その著述は死後も版を重ねている。いまでもまだにっくき商売敵だった。

西鶴をやっつけなければならない。都の錦が西鶴を当面の打倒目標としてシャカリキになった気持ちはわかる。だがこの男には、ライバルの悪口を書きまくることが相手より自分のほうが上であることの証しだ、と思いこんでいたふしがある。どうやら自分は、当代きっての流行作家だと錯覚していたような具合なのである。

「なるほど私どもも西鶴先生ご長逝《ちょうせい》の後、誰か売り出せる作者はいないかと鵜《う》の目鷹《たか》の目でござりました」

「ご同感ご同感。それでこちらの若先生にもいろいろ水を向けたというわけで。あまりうまく運ばなんだが」

「どうもだいぶカンチガイをされたようですな。若先生は西鶴先生ご生前の行状のスッパヌキばかりをしきりになされた」

「西鶴地獄めぐりの趣向をお授けになったのは升屋はんでっか？」

「いや、趣向というほどではおまへん。ふと思いついて口にしてみたら、若先生さっそく乗って来られたというしだい」

「それにしてはだいぶ凝りはりましたな」

たしかにそうだった。都の錦はどこからそんなネタを仕入れてきたやら、西鶴が金持ちの酒席でタイコモチ同然にふるまったとか、前借りを踏み倒して業者を困らせたとかいうバクロ話を嬉しそうに吹聴した。たとえば、こんな具合である。

西鶴はまだ存生《ぞんじょう》のとき、池野屋二郎右衛門《いけのやにろうえもん》という本屋から、『好色浮世躍《こうしょくうきよおどり》』という浮世草子六冊を出版することを口約束して銀三百匁《もんめ》を前借りした。その銀子《ぎんす》はたちまち色里で使い果たし、その後、なんど催促しても言を左右にして言い逃れ、とうとう原稿を一枚も渡さずに踏み倒した。半年ほどごたごたしているうちに西鶴は世を去り、池野屋も空しくなり、話はうやむやになってしまった。

都の錦は、そのふたりが、ところもあろうに、冥途でばったり出会ったという話をでっちあげた。

作中の西鶴は内心「いやな人物に会った」と後ろめたく思いながらも、隠れる場所もないのでうわべは愛想よく、「やあお久しぶり。妙なところでお目にかかりました。娑婆《しゃば》では銀子を借り逃げしたような格好になり、さぞ不埒者《ふらちもの》とお思いでしょう。イヤお恥ずかしい、お恥ずかしい」（巻三「写本料にてめいわくに候」）。

意外なことに、池野屋のほうは冥途に来てからというもの、すっかり生前のアクが抜けて金銭への執着がなくなり、さばさばと述懐していうには「それがしは毎日吝《しわ》く慎ましく倹約に思案を凝らし、粗衣粗食に満足し、せっせとカネを貯めて一生を過ごしましたが、いま思えば自分の楽しみに一文たりとも費やしたことはなく、全財産を娑婆に残してきてしまい申した。噂に聞けば、それがしの遺産は日ごろ見たこともない親類縁者が寄り集まってわれもわれもと分け取りし、そのうちに内輪揉めがひどくなってとうとう公事沙汰《くじざた》（訴訟事件）になったとやら。さてさて浅ましいかぎりでございます」（巻三「娑婆の事をば皆くやみ候」）。

哀れなもので、地獄に堕《お》ちた身には娑婆での債権はただの空証文でなんの効力もなく、生前の文名もいっさい役に立たず、いまや完全に平等になった元金持ちの池野屋と元貧乏人の西鶴は、ともに地獄の制服というべき経帷子《きようかたびら》一枚の姿でおたがいの不景気な顔を眺め合うばかりだった。

……と、こんな調子で西鶴の生前をスッパヌク趣向は一回かぎりだった。読者もすぐに飽きる。人の悪口はほどほどにしておかなければわが身に降りかかる。都の錦のデビュー作戦もそこまでがいいところだった。

二

淀川の夜船に乗り合わせたふたりの本屋は、同業者のよしみで話のウマが合い、いまは胴の間にマグロのように転がって正体なく寝入っている都の錦にかまわず、業界の裏話に花を咲かせていた。初めのうちこそ知り合いの近況やら老舗《しにせ》の盛衰の噂やら当たり障りのない話題だったが、そのうちごく自然に近ごろは本が売れないという愚痴話に落ち着いていった。

伏見を四つ時（午後十時ごろ）に出た船は、四人の船頭の棹《さお》に操られて、順調に淀堤・淀小橋を過ぎ、桂川《かつらがわ》と木津川《きづがわ》の合流点を難なく乗り切って今はもう淀川の本流を南下していた。ちょうど九つ時（午前零時ごろ）を回った時分で、周囲の乗客たちはたいがい天井代わりの苫《とま》を張った胴の間で借りた布団にくるまって眠っていた。この本屋たちはずっと話に興じて喋りつづけていたが、やがて、

「売れまへんなあ」

異口同音にいうとがっくり首を落とした。当時の業界用語でいえば、出す本出す本いずれも「売れ遠い」のである。書肆の店先に置く本は埃をかぶったままだったし、貸本の出回りもさっぱりだった。さっさと見切りを付けて廃業する老舗もあった。

ここらで一工夫しなければこの出版不況を切り抜けるのはむずかしい。本離れというのではない。いままでのような営業方式では気まぐれな読者層をつなぎ留めておけないのだ。京都の側から見れば、四角い文字（漢字）がそこそこに読め、古い仮名遣いにも慣れている旧世代を相手にする出版はもう頭打ちだった。大坂での書物の需要は一昔前の教養とは筋が切れていて、どういう趣向が当たるのかまるで見当がつかず、将来性はありそうだったが、まだ海の物とも山の物とも付かなかった。

三十石船はその間にも夜の淀川を下り、いつしか枚方《ひらかた》にさしかかっていた。

枚方は、京都と大坂のあいだ十一里（約四四キロ）のちょうど中間地点あたりに位置する。川港として淀川水運の要所であると同時に、淀川沿いの京街道の宿場町でもあった。水路と陸路の交点にあった地理的条件から人びとの行き来が激しく、遊女の数も多かった。船客も乗り降りが盛んだ。

船は所定のスピードで川を下っていた。下り船は六時間というのが所要時間だ。ちょうど明け方に終点の天満橋詰八軒家《てんまばしづめはちけんや》に着くように調節されていた。

名物の「くらわんか舟」が群がって漕ぎ寄せ、口々に大声で商売を始めていた。もう真夜中をだいぶ回っていたが、もとより時刻を気にするようなやからではない。小舟に乗りこんで大型船の近くに寄り集まり、鉤爪《かぎづめ》を船べりに打ちこんで離れず、荒々しく苫を引き開けて、飯や酒や煮売りなどをどやどや売りつけるのである。口の悪いのが評判だった。

「オンドレ、起きくされ」

「よく寝る奴らじゃ」

「早よ起きて飯を食らえ。酒を飲みさらせ」

「トロクサイことをしてけっかる。銭を払わんか。ちゃっちゃとせんかいな」

胴の間で雑魚寝《ざこね》していた乗合客たちもあまりのやかましさに起き出して寝惚《ねぼ》け顔をしたまま食物を売りつけられている。三十石船は狭くて便所の用意もないくらいだから、弁当は自分でもちこむか「くらわんか舟」にたよるしかない。

ふたりの本屋はさすが慣れたもので、悪口に腹も立てず、如才なくあしらって取り合わない。都の錦と名乗る若者は、神経が鈍いのかそれとも大物なのか、周囲の騒ぎにはいっこうに動ぜず、寝入ったきりぴくりとも動かなかった。

「このとおりでござる」と、青山為兵衛は話し相手の吉野屋武兵衛の同情を誘うように諦め顔でいった。「かなり才気がありそうなのに目を付けて八巻物をやらせてみたが、あまりうまくゆかなんだ。『本屋の金箱』をめざしたつもりじゃったが、とてもそこまでは売れ行きが伸びかねたでござります」

「西鶴作と触れこんだほうがよかったかの?」

「そこまであこぎにやるまいと思って、好きに書かせたのが裏目に出申した」

青山為兵衛は律儀な性格だったから都の錦に偽作をさせることはしなかった。その代わり、それ以後二度と自分のところからは本を出さなかった。元禄十五年正月つまり『元禄大平記』の三ヵ月前には都の錦に『風流《ふうりゅう》　日本荘子《やまとそうじ》』を刊行させているのだから、為兵衛は相当はっきり都の錦に見切りを付けたのだといえる。

本人はそうと知らなかったが、この小生意気な若者が夜船の胴の間でグウグウ高鼾をかいている間に、その枕元で交わされた会話のうちに、都の錦の将来は消え失せていたのである。ふたりの本屋もいいかげん話し疲れていつしかコクリコクリとやっていた……。

気がついたら明け方になっていた。船外がにわかに騒がしくなり、コーンコーンと着船を知らせる鐘が撞《つ》かれていた。大坂天満橋南詰の八軒家に着いたのだ。迎える船宿の者、降りたってゆく船客、船から見送る船頭たちの挨拶の声が入り混じる。

「さらば〳〵」

「ずいぶんおまめでお下り〳〵」

「船頭、大儀じゃった」

「船にはなにもござりませぬ」

最後の船頭の言葉は「忘れ物は残っておりません」の意味で、下船の際の決まり文句である。こうして船着場の混雑のなかで、あわただしく別れた三人はその後また再会する機会はもたなかった。

才能の世界は非情である。

いったん売れないとなると本屋もあんまりチヤホヤしなくなる。落ち目になると沈むのも早い。そのうちにいつしかこの男に書かせようという奇特な版元も姿を消して、都の錦の名前はたちまち人びとから忘れられていった。

だが、生まれつきの負けずぎらいはそのくらいのことでこの男を凹ませたりしない。こん畜生、負けるものかと躍起《やつき》になった都の錦は、元禄十六年（一七〇三）の三月ごろ、えいと一念発起して江戸へ出たらしい。

京大坂では食い詰めたとはいわないが、そうされたも同然の仕打ちを受けた。京大坂の文壇では、西沢一風《にしざわいっぷう》の『寛濶曾我物語《かんかつそがものがたり》』（元禄十四年）、江島其磧《えじまきせき》の『けいせい色三味線』（同）が新たな読者を獲得しつつあった。この劣勢をなんとか巻き返さねばならない。ここでフンドシを締めなおして人生をやりなおそうと思い立った都の錦が選んだのは、当時まだ開発中のフロンティアとして荒々しい野性に満ち、幾多の可能性を秘めた新開地、江戸であった。都の錦は飛び立つ思いで、希望と野心に燃えて東海道を下っていったにちがいない。

都の錦はこの年二十九歳であった。

この男はただ闇雲に、ひたすら衝動的に東下《あずまくだ》りの挙に打って出たわけではない。当人の主張するところによれば、都の錦の生家はかなりの名家だったから、江戸にも親族がいたので、それをたよりに出府し、さしあたりは浄瑠璃本の板下《はんした》(版木に彫るとき、裏返しで貼りつける下書き)でも書いて生計を立てるつもりでいたのである。

時の五代将軍綱吉《つなよし》の政権は、その前後三十年間にわたる治世の間に二つの重大な政策を実施している。第一は、初期の天和《てんな》年間(一六八一〜八四)に盛んにおこなった四十六家に及ぶ大名取り潰し政策とその結果全国に生じた浪人の多量発生である。第二は貞享《じょうきょう》三年(一六八六)の旗本奴《はたもとやっこ》および町奴《まちやっこ》狩りである。水野《みずの》十郎左衛門《じゅうろうざえもん》は寛文《かんぶん》四年(一六六四)にすでに切腹させられていたが、今回は対抗勢力だった幡随院長兵衛《ばんずいいんちょうべえ》の子分らも併せ二百人余が処刑された。綱吉政権が反秩序組織にいかに神経質だったかがわかる。

こうした浮浪人取り締まり方針が、都の錦の運命ともろに交錯したのである。

単身江戸に出た都の錦は、当人にしてみれば、前途に洋々たる将来の夢が広がる有望な一青年のつもりでいたが、傍目《はため》にはたんにキョロキョロ物欲しげな胡散臭《うさんくさ》い男であるにすぎない。幕府が江戸に張りめぐらしていた浮浪人狩りの網の目に都の錦はまんまと引っかかってしまったのだ。

三

元禄十五年に江戸へ到着してからの、都の錦の動静はよくわかっていない。この作家の行状はいくつかの伝記研究または履歴考証で追尋《ついじん》されているが、実際のところ、その材料は本人が自家履歴として執筆した文書にもとづいて復原されたもの以上にはわたらない。

その文書というのは、二年後の宝永《ほうえい》元年（一七〇四）十一月、都の錦が、場所もあろうに薩《さつ》摩《ま》国（現鹿児島県）の山《やま》ケ野《が》金《の》山の獄舎のなかで綿々と書き綴った一通の嘆願書である。ふつう「牢訴状《ろうそじょう》」と言い習わされている。

書き出しにはこうある。

私こと本名を宍戸与一《ししどよいち》と申しまして、摂《せっ》津《つ》国佐用《さよ》郡の鎮守《ちんじゅ》佐用姫大明神の神主職の家に生まれた者でございます。二十一歳の年に京都へ出て、伊藤仁斎《いとうじんさい》先生（引用者註：元禄年間、京都堀川に家塾を開いていた）に儒学を学び、北村季吟《きたむらきぎん》翁に和歌を習い、また歌学は烏《から》丸《す》資慶卿《まるすけよしきょう》の会読に連なっておりました。二十六歳のとき、ふと悪友に誘われるままに島原遊郭になじんで酒色に溺れ、学費を使いはたして書籍や衣類を売り払い、親類に縁を切られて、その後仏法修行のため出家したり、参禅したり、たつきのために仮名草子のたぐいを戯作したりしておりましたが、その後心を入れ替え、江戸でやりなおそうと知り合いをたよって元禄十六年（一七〇三）四月三日に出府。家を探して町々をさまよっておりましたところ、思いもかけず、無宿改め布施《ふせ》孫兵衛《まごべえ》さまのお手で捕らえられ、寺社奉行永井《ながい》伊賀守《いがのかみ》さまに引き渡されました。

つまり心ならずも、こと志と反して、ちょうどそのころ江戸で行われた「無宿」の手入れ、浮浪人狩りに引っかかったと陳弁しているわけだ。

しかしこれはただでさえ当局者に情状酌量を願い出た文書であるうえに、都の錦は人一倍見栄っ張りで自己顕示欲に富んだ男であるから、つねに自分を実際よりもカッコよく見せたがる虚飾に満ちている。和漢の学を修めるために仁斎・季吟・資慶らその道々で当代一流の人物に入門したと豪語しているのがその好例であろう。

その反面、犯歴にきちんと記録されていそうな事実は、基本的に事実に即しているようである。たとえば永井伊賀守直敬《なおひろ》は実在の人物で、元禄七年（一六九四）十一月から寺社奉行に在任している（『柳営補任《りゅうえいぶにん》』）。またのちに浅野長矩《あさのながのり》の改易《かいえき》後、一時赤穂《あこう》藩主となった時の人でもある。さらに布施孫兵衛重俊《しげとし》は元禄十年（一六九七）九月から目付の職にあったことはたしかである（同）。その配下の手でお縄になったのはまちがいない。

都の錦が捕縛されたのは出府してまだ日も浅いころのことだった。

結果として訪れた都の錦の短い江戸逗留の日々は、奇《く》しくも、討入りに成功した赤穂浪士が身柄を四大名家に預けられたまま、幕府の裁定を待っている時期に当たっていた。

この野心満々、俗気《ぞくけ》芬々《ふんぷん》の男が見たのは、まず第一にあちこちの地面を掘り起こし、埋め立て、新築で木の香も新しい家屋敷の数々だった。あちこちで土地がぽかりとあくびした口を開けているような火除けの空き地が目立った。隅田川東岸の新開地は本所からさらに南方の深川方面に延び、「十万坪」と呼ばれた埋立地が広がっていた。

目に見える風景ばかりではない。社会の諸方面でやたらに刺々《とげとげ》しくすさみ、喧嘩っ早くなった人心だった。なにかにつけて禁制が盛んになった。法令で禁じなければならぬ事項が多くなった証拠である。借り駕籠での通行・大八車の横行の禁止、博奕の取り締まり、泥酔者の見逃し厳禁。そして貨幣の改鋳にともない、金銀貸借についての示談《じだん》・分散《ぶんさん》（債権の協議分配）の制限。要するに、急速な社会変化についてゆける人間の篩《ふる》い分けが進んでいた。

火事が多いのもあいかわらずだった。伝馬町《てんまちょう》に遠い親戚がいるので訪ねてみたが、最近延焼したとかで行方知らずになっていた。代わりに男が目にしたのは、国元から出府し、このあたり一帯に数多い公事宿《くじやど》に逗留している大勢の訴訟人や公事師《くじし》（裁判の代言人）たちの群であった。

見るもの聞くものが珍しかった。耳にする話は赤穂事件の噂がやはり圧倒的に多く、どちらかといえば町人肌で武士のモラルにはあまり関心をもたなかった都の錦にも、好奇心という以上に作家的興味をそそらずにはいなかった。

なんでも見てやろうという意欲満々で江戸をほっつき歩いていた青年の運命は、ある日突然大きく狂うことになった。路上を歩いているとき、側に寄ってきた人相の悪い男にいきなり腕を摑まれ、無理やり最寄りの自身番屋に引っ張っていかれたのである。有無を言わさぬ強い力であった。

元禄の江戸へは、日本各地からの流入人口が多かったが、とくに関西地方から江戸へ出て居住する人びとが目立った。大通りや広小路に面した町々や、伝馬町《てんまちょう》界隈のように往来繁華な場所には無宿者が盛んに出没し、捕まって自身番に預けられることがよくあった。都の錦の場合もそうだったのである。

なんという町かは知らなかったが、その自身番屋は町木戸を挟んで建つ町屋の一軒を改築した作りで、通りに面した一角ではこまごました日用品を商う店になっていた。

「おう、ちょっと土間を借りるぜ」

都の錦を連れこんだ男が懐に呑んだ十手をチラリと覗かせて凄むと番屋の若い衆ははじかれるように立ち上がって奥に引っこんだ。男は地回りの岡っ引きらしかった。

男はそのまま上がり框《かまち》にどっかと腰をかけ、都の錦は土間の筵《むしろ》に引き据えられた。土間の壁や欄間には刺股《さすまた》・袖搦《そでがら》み・突棒《つくぼう》など恐ろしげな捕り物道具がこれ見よがしに威圧的に懸け並べられていて、見る者の肌を寒くさせた。

こりゃかなわぬと思った都の錦は、必死になって、自分は士分の生まれであること、けっして身元不明の浮浪人などではないこと、こんな不当な取調べを受ける筋合いは金輪際《こんりんざい》ないことなどをまくしたてた。もちろん、生まれ付きの上方弁で熱くなって弁じ立てたのは自然のなりゆきだった。

「あんたはんナア。わてをナメたらあきまへんで。こう見えたかて、そこいらの物書きとは違いまっせ。もともとあんたはん見たようなもっそうあたまの相手になる身分ではないのや！」

「そのもっそうあたまてぇのはナンデエ？」

「いや、こちらのことじゃ。わての名前が京に知れたら、尊い筋が黙ってまへんで」

コワモテの岡っ引きもこれには参ったようだった。言葉尻をとらえようにも一言もわからない。どうやら京都堂上《どうしよう》方《がた》にもコネがあるといっているようなので、やっかいなことになるのを避けようと抜け目なく警戒心も働いたらしく、岡っ引きの態度が改まり、扱いも丁重になって、身柄はすぐに近くの小伝馬町《こでんまちよう》牢屋敷に移された。

牢屋敷は、江戸時代を通じて小伝馬町（現・東京都中央区日本橋小伝馬町）に存在した未決囚の拘置所である。四方に堀をめぐらした一画の内部は収容者の身分に応じて、百姓牢・揚《あがり》屋《や》・揚《あがり》座敷《ざしき》などにわかれていた。死罪と決まった囚人の処刑場もあった。都の錦が入れられたのは揚屋だったと思われる。とりあえず士分扱いにしておいてから身元調べにかかったのだろう。

ところがいくら問い合わせてみても、名乗り出る親戚はいなかった。それだけでは済まず、「都の錦なる戯号をもつ宍戸与一という人物とは、元禄何年何月何日をもってきっぱり旧里《きゆうり》を切って（親類関係を絶って）おり、届け出もきちんとしております」と冷たくあしらわれる始末。ご丁寧に「久離勘当状《きゅうりかんどうじょう》（縁切状）」の写しを手紙に同封してくる者までいた。この時代の司法には厳しい連累《れんるい》（重罪人の家族親類まで連帯責任を問われる制度）があったから、みな、かかわり合いを恐れて慎重にふるまったのである。

都の錦の処分が決まった。「その方こと、当分滞留すべき住家もなしに町々を徘徊致した段、浮浪人の罪状まぎれなし」とされて「遠流《おんる》」に処され、寺社奉行永井伊賀守へ引き渡されることに決まったのである。この男の場合は重ね重ね運が悪く、廻された先は、ところもあろうに薩摩国の山ヶ野《やまがの》金山であった。

遠流と定まった囚人は唐丸駕籠《とうまるかご》（重罪人を檻送《かんそう》する目駕籠）で陸路を運ばれ、大坂で船に乗せられて瀬戸内海の水路をたどってまず小倉《こくら》へ、そこから出水筋《いずみすじ》を薩摩まで運ばれた。

山ヶ野金山は、佐渡の金山に次いで当時日本第二位の産出量を記録する金鉱として知られる。薩摩・大隅《おおすみ》の国境にまたがり、鉱区の長さは約一二キロにわたる。最盛期には年間一・八六トンに達する豊富な産出量を誇っていた。

金鉱は密貿易、砂糖と並ぶ薩摩藩の重要な収入源であったから警備は厳重をきわめ、蟻一匹通さない雰囲気だった。周囲にはぐるりと柵を結びまわし、出入り口は番人が守って眼を光らせる。なかには三十三の町があった。

山ヶ野金山は一度も幕府直営金鉱になったことはなく、寛永《かんえい》十九年（一六四二）に幕府が採掘を許可し薩摩藩に経営を任せると回答して以来、ずっと同藩の手で経営されている。

しかし直営（直山《じきやま》）ではなく、「請山《うけやま》」といって町人に請け負わせる形態が取られた。鉱山の採掘には特別な技能と習練が必要とされるから、実際の経営形態は「惣掘取《そうほりとり》」とか「山師掘《やましほり》取《とり》」とか呼ばれる山師自営、いわゆる自稼《じか》請負制《うけおいせい》にゆだねられていた。金山奉行支配下に山師が掘削・採鉱・排水・精錬などいくつもの職種にわたる労働力を組織的に雇用したのである。

なかでも不可欠なのが「水替人足《みずがえにんそく》」だった。坑道を地下深くうがってゆくから底に水が溜まる。それをつるべ桶で汲み上げる重労働である。むし暑い坑内でフンドシひとつになる苦役だ。過酷な労働条件のせいで人集めがだんだん困難になり、人的資源の供給元は全国各地で捕縛された無宿人・浮浪民に求められていった。囚人労働は安くつくからコスト削減に役立ったのである。

薩摩藩といえば極度の閉鎖性で有名で、幕府隠密も生きては出られなかったと噂されるが、乏しい労働力を確保するため、寛文二年（一六六二）から他国者の入山を認めていた。もちろんすんなり出山できる場所ではない。送られてくる罪人はいつでもツカイツブシにできる消耗品だった。

山ヶ野金山の労働者の人口は、寛文七年（一六六七）の数字で三千八百七十一人。そのうち二〇パーセント前後が他国者であった。それには少なからぬ流人や罪人がまじっていたのである。ただし、この金山に送りこまれた都の錦がいきなり人足たちの仲間に入れられたかどうかは疑わしい。いくら流人だとはいえ、全部が全部右のような重労働に耐える強靱な筋力をもち合わせていたとは思えない。

むしろ無宿人水替は個々人各様の身体能力に応じていくつかの階級に分けられていたと見るほうが自然だろう。たとえば佐渡金山では、水替人足の内部は「差配人《さはいにん》」「小屋頭《こやがしら》」「下世話《したぜわ》」そして「平無宿《ひらむしゅく》」という四つの上下関係があったそうだ。山ヶ野金山にあったという「山廻役《やままわりやく》」「山頭《やまがしら》」「丁場《ちょうば》せり」といった階層がそれに対応するものなのかもしれない（石川哲『山ヶ野金山のすべて』）。

四

金山奉行にあてた前記の牢訴状ではこういっている。

その年の冬（元禄十六年［一七〇三］）十月、遠流に処せられてご当地山ヶ野金山に参りました。幸い私は幼少のころから日置流《へきりゅう》の弓術を好み、笠懸《かさがけ》・犬追物《いぬおうもの》などを残るところなく学んでおりましたので、お役人衆に召されて折々弓術のことをお尋ねのとき、ずいぶんお役に立ち、それゆえ朝夕心安く出入りできるようになりました。こうしてお役人の方々にはかわいがられましたが、そのためかえって流人仲間からいじめられます。

同じ流人の源次郎と申す者が深くそのことをそねみ、ひどく私を恨んで、私に横道《おうどう》をもって無理にイヤなことをやらせようとします。あまりの仕打ちに耐えかね、いっそひと思いに死んでしまおうと当年（宝永元年［一七〇四］）七月二十二日には小屋を忍び出て、深山を徘徊《はいかい》したくらいでございます。

都の錦は山ヶ野に着いてからはかなりうまく立ち回ったのである。文化人的な知識と教養をひけらかして金山の上層役人に取り入る作戦を取ったのだ。

みずから吹聴《ふいちょう》する育ちのよさの真偽はともかく、幼少時代から諸学諸芸をなんでも屋風にあちこちかじっておいたのが役に立った。まさに「芸は身を助く」であった。実際に弓術の技量が高い必要はない。一々の仕草にもっともらしい口上がつけられれば充分用は足りた。

いろいろ質問をしたという役人衆もそれで満足した。人里離れた金山に配置されてくすぶっていた連中にとっては、都の錦のように「文化的」な雰囲気を漂わせた人士が身近に来たことは、たとえハッタリであってもそれなりに嬉しかったのだろう。都の錦は金山の役人たちに重宝されたのだ。

それが源次郎にはおもしろくなかった。おそらく都の錦がやってくる前には、源次郎は水替人足を束ねる能力を買われて、けっこう上役のウケがよかったにちがいない。ところがこの新参者の出現以来、いっぺんに寵を奪われたかたちになった。嫉妬の感情がいつしか憎悪と化したのも無理はなかった。

都の錦という人間には如才なく上の人間に取り入る、立ち回りのうまいところがあったらしい。他人の目にはずいぶん腹立たしく感じられたことだろう。いま、なにを言ったら相手に気に入られるかを本能的に察知するのだ。

すでに薩摩へ護送される流人船の船中で、都の錦が「吉田家《よしだけ》社人《しゃじん》」——吉田流神祇職本家の系統者。兼好法師の家柄でもある——と称して『徒然草』の講釈を神道流でやって見せ、流人護送を宰領する役人をいたく感服させたという話も伝えられている（野間光辰《のまみつとき》「都の錦獄中獄外」）。いかにも相手のウケのよさを狙うこの人物の面目躍如たるものがあるではないか。

それにしても、都の錦の申し立てにはよくわからないところがある。

いろいろ邪険《じゃけん》で冷酷な仕打ちを受けたと本人はいうのであるが、いったい自殺したくなるほどの境地にまで都の錦を追い詰めたのには源次郎はどういう虐待行為を働いたのであろうか。どう考えても通常のイジワルではありえない。よくせきのことだ。

もしかしたら都の錦は、報復の意に燃えた源次郎に、男のプライドをズタズタにされるような屈辱を味わわされたのではないだろうか。そうでなければ都の錦がいっそのこと自殺してしまおうとまで思い詰めた心理がまるで理解できまい。

山ヶ野金山には遊郭の設備もあり、殺風景な坑内生活でガツガツしている男たちの性の渇きを癒やしていたが、それはどこまでも選鉱とか精錬とかの特殊技能をもち、しかるべき賃金を取っている坑夫だけにかぎられた話。手に職のない流人たちを主力とする水替人足の社会にはとてもそんな経済的余裕はなかった。支給されるのは粗悪な米飯ばかりで金銭ではない。カネのない流人たちには遊女は洟《はな》も引っかけなかった。

水替人足らを管理する源次郎や都の錦のような役目の者も事情は同じだ。ひとつ小屋のなかで、せいぜい居心地のよい部屋割りをあてがわれているくらいが関の山だった。毎日の重労働を終えた人足どもは、夜な夜な綿のように疲れきった体を薄く不潔な蒲団に横たえて豚のように眠るのが精一杯。とても遊郭の、女の、という段ではなかった。

都の錦は金山役人の覚えがよいので、寝場所は源次郎と同じ差配部屋を与えられ、平人足とは別室だったが、毎晩、障子を隔てて遠慮なく聞こえてくる鼾や歯ぎしりに悩まされ、寝苦しい夜を送らねばならなかった。

そんなある夜、都の錦はようやくうとうと眠りに就いたと思ったころ、自分の身に異常を感じてはっと目を覚ました。頬にざらざらした髭面《ひげづら》が押し当てられ、酒臭い息が顔に吹きかけられた。気がつくとハアハア息を切らせて紅潮した源次郎の顔がすぐそばにあった。異常を感じたのも当然、源次郎の手が下帯のあいだに伸びて、不器用に股間を探っているではないか。

「宍戸どん。おいはもうどもならん。頼む。情どころを貸してたもれ」

かすれた声でこう囁かれて都の錦は当惑のあまり言葉が出ず、そのまま硬直してしまった。相手はそれを承諾のしるしとカンチガイしたのか、やおら猿臂《えんぴ》を伸ばして苦もなく都の錦を裏返しにすると、いきなりけしからぬ行為に及んできた。

痛いとも痒いとも抗議する暇はなかった。相手がもぞもぞ動いた末に短く息を詰める気配がしたと思ったら、都の錦は自分が粗相をしたのかと思うほどの違和感を肛門付近に覚えて、あわてて小屋の端にある厠《かわや》に走った。ちゃんと始末をして間の悪い思いをしながら元の差配部屋に戻ると、源次郎は得々とした顔をして床で大の字になり、隣で蒲団を被って寝ているもうひとりの差配は、なにも聞こえず、なにごとにも気がつかなかったようにずっと眠りこんでいた。

都の錦はその夜の残りをまんじりともせず考え明かした。

薩摩では衆道《しゅどう》（男色）が盛んだとかねて聞いていた。衆道のことなら、自作の浮世草子でも描いたことがあるし、色子や陰間《かげま》のたぐいなら面白半分に買ったこともないとはいわない。しかし本物の衆道とは、聞いた話だが、もっと高邁で真剣なもののはずだった。まさかこんな風にお手軽で、女にありつけぬ男どもが「代用品」として間に合わせるようなものだとは思ってもみなかった。

思えば、これが悪夢のような日々の始まりだった。

あの夜以来、源次郎はにわかに態度が大きくなった。自分の巨物を寝ている顔に差し付けて口でしゃぶれと要求する。強烈な小便臭さを我慢して応じると、次には咽喉元《のどもと》まで呑みこめと強要する。都の錦は相手が終わった後、プーンといやな匂いのするものと自分の胃液とを厠で吐いて涙を流した。

これればかりは耐えきれず勇気を奮って拒んだら、ガーンと頰桁《ほおげた》が砕けるほど張り飛ばされた。源次郎はただ一言ぽつりと「竪坑《たてあな》があるぞ」といった。都の錦は沈黙した。黙って言いなりになるしかない、と悟ったのだ。意味は明瞭だった。

「竪坑」というのは山ヶ野金山のなかでいちばん産出量の豊かな仁田山《にだやま》にある古い金鉱の跡で深い井戸のように垂直な穴のことである。昔は作業中に墜落した坑夫は何人もおり、落ちこんだ者はまず助からないばかりか、シキジロウ（死霊《しりょう》）になって地下の暗黒を今もさまよっていると信じられていた。呻き声が夜な夜な聞こえるという。

以前から源次郎一派は気に入らない奴、反抗的な部下を深夜そこへ引っ張っていき、ひそかに始末したらしい。もちろん誰も黙して語らなかったが、その話になるとみんなが一様にニヤニヤするのが不気味だった。

だから都の錦はいっさい源次郎の無理無体に逆らわなかった。しかし、つらい強制が続くたびにだんだん気鬱《きうつ》が亢《こう》じ、日に日に自殺衝動にさいなまれた。そしてついに非常手段に訴えたことは「牢訴状」に書かれたとおりである。


虐待に耐えられず、いっそ死んでしまおうと思いましたが、いやいや命あっての物種だと考えなおし、七月二十二日に柵を越えて脱走いたしました。しかしながら、ご当国の土地は不案内につき道に迷っているところを、天の網逃れがたく、またもやお縄をかけられましたようなしだいでございます。


脱走には失敗し、再度また薩摩藩司直に捕縛される羽目になったが、幸いなことに源次郎の手から逃れることはできた。思いきったことはやってみるものだ。破れかぶれで打った捨て身の業が、ともかくも都の錦の身を救ったのである。

これで行く手への希望を取り戻した都の錦はさらにもう一歩を踏み出した。またもや自分の命を盆に張ってイチかバチかの勝負に出た。やはり「牢訴状」の文面に語らせよう。

八月四日にいたり、現在の長野金山に移されまして以後ずっと入牢生活を送っております。脱走の重罪を犯した報いとは重々存じますが、後悔は先に立たず、一日につき赤米一合を汁もなく咽喉を通す毎日でございます。身体は日を追って衰弱、四六時中餓鬼道の苦しみが止むことなく、怨み悲しむ心がたえず起こって、このままでは来世にまで罪を負うことでございましょう。ご慈悲と思し召して、一思いに首を刎《は》ねていただければ大幸と存じたてまつります。

〽捨てにけり今日の命は惜しからで

亡きがらになる恥の悲しさ

私こと、京都では都の錦と申しました者にまちがいございません。

宝永元年十一月十八日

当人によれば、やっと地獄の苦悩から逃れたと思ったら、こんどは餓鬼道の苦患が待ち受けていたというのだ。食糧がひどかった。「赤米」というのは「ほとんど食用に適さない」といわれるほどタンニン成分の強い粗悪で価格の安い米穀である。それに汁も付けず囚人の常食にしていたらしい。

ろくな食べ物を口にできないことは、人間を異様な精神状態にするものだ。ふたたび意気阻喪と自殺願望が都の錦をとらえる。こんな風に毎日生き恥をさらす、惨めな暮らしを続けるくらいなら、いっそ首を斬られたほうが楽だという捨て鉢な思い。

このたぶんにヤケノヤンパチ的になされた訴えは、当人が思っていた以上に効き目があったようである。なまじ策を弄さなかったのがかえってよかったのかもしれない。

五

捨て身の訴えは効を奏した。「牢訴状」が金山奉行の目に留まったのである。行間に閃く学識が「この男をここで朽ちさせるのは惜しい」という気持ちにさせたのかもしれない。幸い宝永六年（一七〇九）五月、六代家宣《いえのぶ》の将軍宣下《せんげ》にともなう大赦がなされた。これにめぐりあって牢屋から出してもらった都の錦の生活ぶりはがらりと変わった。労役を免除され、文筆に親しむ自由もあたえられた。できれば流刑地を出て上方に帰り、長いこと離れていた文人暮らしに復帰したかった。

しかし中央では誰もそれを知らなかった。ふっつりと所在不明になってしまって以来、そのままにいたのだ。京都の出版界でも都の錦の名前は忘れられていた。願ってもない復活のチャンスだ。都の錦は「牢訴状」のせいで待遇に変化が生じたのを機会に現地で書いた作品を続けさまに京大坂の本屋に送りつける。

原稿を受け取った本屋連は頭を抱えた。ちょうど都の錦不在のこの数年間、出版界ではもう後戻りができないほど決定的なスタイルの変化が生じていたからだ。都の錦の作風はありていにいって時代遅れになっていた。

西鶴死してここに十余年、西鶴が創始した浮世草子ジャンルは、次の世代に属する江島其磧や西沢一風などの作者たちに委ねられていた。いずれも新しい社会風俗に順応し、それにふさわしい文体を作り出していたのである。それぞれ新風俗に適合した「得意芸」を編み出していたといえる。

都の錦は西海流謫《さいかいるたく》の自伝的材料にもとづいて浮世草子風の一篇を創作するつもりだったらしい。刊本になっているのはひとつもないから全部ボツにされたと見られる。そのなかに情緒的気分を浮世草子風に綴り、「牢訴状」の異本とも読める『捨小舟《すておぶね》』二巻一冊がある。

本作には、「浮かぬ舟」ならびに「二の次《じ》」という奇妙な仇名をもったふたりの、というより一つがいの主人公が登場する。これらの名前には、《一生沈みっぱなしの人間》とか《いつも二の次にされる男》とかの情けない、不景気な、変にいじけた人生の連想があり、作者の暗く鬱屈した内面の投影であることはいうまでもない。

作者の分身といえるふたりの主人公は、似たり寄ったりの経歴を経てこの金山に吹き寄せられた人間たちなのである。

ここに花の都より出生したる無宿あり。仇名を二の次といい、浮かぬ舟と号す。この二人同国なれば、同気相求めて、常に水魚の交わりをなす。

（無宿仲間にふたりの都生まれがいた。ひとりは「浮かぬ舟」、もうひとりは「二の次」と呼ば

れていた。ふたりとも都育ちなので気心がよく通じ、水と魚のように親しく交わっていた）

といわれるように、ふたりはこの逆境のなかで異様なくらい、なかよしなのであった。

ふたりはたがいに相手が落魄《らくはく》して今日にいたるまでの経歴を知りたがり、かわるがわる身の上話をして聞かせる。類似した境遇をたどってきた、ふたりの語りをどう書き分けるか——じつをいえば、ここは都の錦が浮世草子作者としての腕の見せどころになるべきはずのカンドコロであった。できばえはどうであったか。

まず「浮かぬ舟」が身の上話をする。自分は京都の良家に生まれ、幼少のころから和漢の文に親しみ、伊藤仁斎の講筵《こうえん》に連なるほどの教育を受けたが、向学心よりも遊び心のほうが強く、日々に好色の道にいそしんだ。ついにその行跡が親の耳に入り、勘当されて役所に記録されるまでになった。それでも懲りず、江戸へ下って一旗揚げようと裸一貫で東下りの旅に出た。

だが世間知らずの「浮かぬ舟」は、江戸では無宿人はただそれだけの理由で捕縛されるということを知らなかった。役人の取り調べに「京都から下ってきまして、いまだ宿も定めておりません」とありていに答えたのが運の尽き。親から勘当されていることも抜き差しならぬ罪状になって揚屋に召し籠められ、とうとう金山に流される羽目に立ちいたった。話の筋は「牢訴状」に記されたのとまったく同じである。

都の錦は、ただ芸もなく自分の経歴をくりかえすだけなのだ。読んでいて焦《じ》れったくなるくらいだ。原稿を預けられた本屋たちは長嘆息、「なんとかならんものかいな」としきりに歯痒がったが、これが売れる見こみは皆目なかった。

「先生また、うちに新作を売りこみに来はりました。お宅へは？」

「うちへは飛脚屋から分厚い原稿が届きましたわ。丁重な文面の手紙も『差込《さしこみ》』（書状添付逓送）で付きましてな」

宝永六年（一七〇九）のこと、京都の升屋青山為兵衛と大坂の吉野屋武兵衛がこんな対話をしていた。定例の本替え業務のあとでいつものように酒になったのである。

「またぞろいつもの節回しをくりかえしてはる」

「いまでは誰も読みますまいて」

「こう新味がのうては、うちからはちと出し難《にく》うおまんなあ。升屋はん、昔のよしみでお宅ではどうでっか？」

「いやいや、こちらも引き受けかねます。きょう日《び》、よほど新しい趣向でも思いつかぬかぎり、売れ遠いのは目に見えてますさかい」

「そろそろ引導を渡しなはれな。そのほうが功徳《くどく》になるかもしれまへんで」

「いやあ、どうしても情が移ってそこまでは心を鬼にできまへん」

「なるほど。仏の顔も三度でっしゃろな」

「はあ。ほとほと困っております」

「でも、先生はえろう意気ごんでおいででっせ。新作には『播磨《はりま》椙原《すぎはら》』と題を付けて張りきってはる」

「先生だいぶ、こんどの作には入れこんだと見える」

元禄のころひいきにしてくれた版元たちはあらかたもう都の錦のことを忘れかけていて、新しくコネを作りなおさねばならなかった。以前には本屋持ちだった交際費も自分で工面しなければならないのが苦労のタネだった。すべてが一から出なおしで再出発しなければならない。

都の錦が狙ったのは、世を挙げての赤穂事件ブームに加わることであった。旧赤穂藩浪士の起こした亡君復仇《ふっきゅう》事件との同時代意識を読者と共有することだった。身も蓋もなくいえば、忠臣蔵物で一山当てることだ。

『播磨椙原』は、上中下の三巻、全十二章の構成をもち、殿中《でんちゅう》刃傷《にんじょう》の発端から吉良邸討入りの大団円までを定石どおりになぞった長編義士小説である。いわゆる赤穂事件の顛末をたどっている。

この事件がどんなに人びとを激しく揺すぶったかは後世の想像をはるかに越えている。元禄期のような時代の大きな変わり目には、いろいろなタイプのヒーローが生まれる。一攫千金をやってのける経済英雄、全国の遊郭色里を総揚げにする好色英雄、歌舞伎や浄瑠璃の舞台でやんやの喝采を博する芸道英雄のたぐいである。大道を六法を踏んで闊歩し、喧嘩を売ったり買ったりするかぶき者の流行も世のヒーロー志向のあらわれだったかもしれない。

そんな風潮のさなかでもちあがった赤穂事件は、平常な社会のしくみではなにごとも起きなかったはずの封建主従に運命的な試練をもたらし、当事者の銘々がその立場で英雄的にふるまうことを要請した。銘々がそれなりに苦労した。その苦労の度合いが通常の人間の比ではなかった。自分たちには及びもつかぬ、いわば超人間的な苦悩をそこに見いだした人びとが赤穂事件を一種の「英雄劇」としたゆえんである。

誰もかれもがこのできごとの関係者でいたがった。四十七士の親類縁者ならどんな遠縁の者でもよかった。友人知己ならいうことはなく、ただの知り合いでも剣術道場で相弟子だったという間柄でもよく、しまいには飲み合わせたことがあるだけでも、喧嘩の相手になったことだけでも赤穂義士にゆかりがあるという話題性になるほどだった。

しかし都の錦には気の毒ながら、本作はひとりのヒーローも作り出さなかった。『播磨椙原』は、ついに出版されることなく終わったが、この趣向はずっと作者にあたためられ、自信たっぷりで本屋にもちこまれたにちがいない。本屋仲間の苦笑を浮かべた当惑顔が目に浮かぶようだ。

「升屋さん、どうにかならんか？」
「ちと救いようがおまへんなあ」
「そないに冷たくいうたら気の毒や」

「こちらも商売ですさかいな」

こんなやりとりが陰で何度かなされたと見えて、都の錦のせっかくの労作は哀れやボツにされてしまった。

六

「最近、例の先生から便りがありまっか」

「おまへんな。ひところは、ああやこうやとうるさいくらい新作の売りこみがおましたが、近ごろはとんとござらぬ。せいせいした気持ちじゃ」

「まあ、そないに冷たいことをおっしゃりますな。升屋さんを頼りにしてはりましたよ」

「そやさかい、これまで面倒を見てきたつもりです。けんど、あないに趣向が古うてはちと私どもの手におえまへんな。篠屋さんのほうではどうでっか」

「へへへ、やっぱり願い下げですわ。それにしても、先生はなぜ書けもしない赤穂義士物にあないにこだわりはるんやろか」

「そりゃ私どもかて、それで大当たりを取りたいのは山々じゃ。けんど、こないに御禁制が厳しうてはのう。うまく網の目をすり抜ける趣向でもあればと思うのに、三十八にもなってあの御仁はいかい不器用じゃ。若僧みたいに四角四面で押しまくる」

「ところで、あの御仁に最近妙な噂が流れているのをご存じかな?」

「いいや。どんな噂かの?」

「都の錦先生、近ごろは寺坂吉右衛門《てらさかきちえもん》の名をかたって九州筋に出没しているそうな」

「そんな。まさか!」

「ご不審はもっとも。じゃが、これはたしかなお人から聞いた話じゃ」

「ふうん」


寺坂吉右衛門信行《のぶゆき》は赤穂浪士四十七名中、ただひとり切腹を免れた人物である。討入りの副将格吉田《よしだ》忠左衛門《ちゅうざえもん》の足軽身分で、討入り後、泉岳寺《せんがくじ》に向かう途中立ち去っているところから「逃亡説」、大石内蔵助《おおいしくらのすけ》に命じられた「生き証人説」等々の諸説があり、いまだに真相は不明。その後は吉田家の娘婿に抱えられ、故《ゆえ》あって麻布の曹渓寺《そうけいじ》の寺男になり、その口利きで土佐藩の分家麻布山内家に仕えて士籍を得たと伝えられる。

老樗軒《ろうちょけん》なる著者の『読老庵日札《どくろうあんにっさつ》』には「寺坂吉右衛門墓」という項目があり、没年を延享《えんきょう》四年(一七四七)と明記したうえで、「節巌了貞信士《せつがんりょうていしんじ》」と戒名を録している。さまざまな伝説に包まれている割には、当人はかなり安楽に長生きしているわけだ。

これが正伝とされる実説であるが、晩年についても伝承がいろいろあり、その墓と称するものが各地に散在する。泉岳寺・曹渓寺を入れて、仙台市の実相寺《じっそうじ》、静岡県西伊豆町の慈眼寺《じげんじ》、福岡県八女《やめ》市の一念寺《いちねんじ》、長崎県五島《ごとう》市の恵剣《えけん》寺、島根県益田《ますだ》市、鹿児島県出水《いずみ》市美原《みはら》町の八ヵ所である。

このうち三ヵ所は九州地方に散らばっており、それぞれ独自の寺坂吉右衛門流浪伝説を形成しているが、そのひとつに都の錦と結びつくものがある。桐原忠利《きりはらただとし》の『都の錦・鉄舟薩摩路の足あと』によれば、薩摩国枕崎《まくらざき》の地に正徳《しょうとく》・享保《きょうほう》年間（一七一一〜三六）、寺坂吉右衛門が鹿籠《かご》町のはずれで一軒家に住み、寺子屋の師匠をしていたという伝説があったそうだ。

京都からでも江戸からでもどこか中央のほうから、片田舎に流浪してきた「文化人」を話題の人・有名人と同定することは、民俗史上よく見られる現象である。「近ごろこの里へ正体不明の、しかし由緒ありげな人士が流れてきて住みついた。とくに名を秘しているがきっと○○にちがいない」――こういう想像力がパッとひらめくのである。

もともと都の錦のほうにも多少の悪戯心《いたずらごころ》がなくもなかった。以前にも、この作家は自作に寄せた序（はしがき）の筆者を貝原益軒《かいばらえきけん》や俳人大淀《おおよど》三《み》千《ち》風《かぜ》（芭蕉のライバル）に擬するようなことをやっている。先輩格の文学者の名にあやかることをあまり気にしていなかったようだ。もしかしたらこれも売り上げを伸ばすための書店の戦略だったのかもしれない。桐原忠利は、「長野金山の山ヶ野を出た都の錦・鉄舟が、一貫して『寺坂吉右衛門』を詐称しているとは、幾多彼の行跡がこれを裏付けている」（前掲書、傍点引用者）と激語しているが、はたしてそうか？　詐称という言いかたには、他人の名義を借り用いることによって不当な利益を得るというニュアンスがある。この場合はどうか。

のちに《忠臣蔵文学》として集大成される歴史事件の顚末は、同時代の民衆にはいわばマダラ状にしか伝わっていなかった。未知の部分については、なまじ取沙汰が禁制されるものだからよけいに、勝手な想像が縦横に飛び交った。殿中刃傷の原因をめぐっても、後世の通説になった賄賂説はじめ、女色怨恨説、男色怨恨説等々さまざまな憶測が流れた。

都の錦は『播磨椙原』を書く準備段階で『武家不断枕』と題する作品を手がけている。が、じつはそれ以前に、同じ題名の草稿を書いた人物がいたらしい。筆者は林仲助《はやしちゅうすけ》という播州の住人で、宝永二年（一七〇五）四月、別府《べっぷ》に湯治療養に来てそのまま居つき、文筆の師と仰がれた。ところが宝永六年（一七〇九）二月、腹十文字に掻き切って自害しているのが発見された。理由は不明。その遺品のなかから発見されたのが、『武家不断枕』の草稿だったというのである（安部和也「『武家不断枕』について」）。

この林仲助の正体についても地元には諸説があり、大石内蔵助の忠僕元助とも片岡源五右衛門《かたおかげんごえもん》の忠僕某とも近松勘六《ちかまつかんろく》の家来甚三郎ともいわれるのに伍して、興味深いことには、浮世草子作者の都の錦の変名だとする説もまじっている。そして見逃せないのは、九州流浪後の都の錦に関心を寄せているふたりの地元研究者——桐原忠利と安部和也——は、どちらも都の錦と林仲助とが同一人物であるとしていることである。

このように、都の錦の後半生が、ふたりの赤穂藩ゆかりの人物——ひとりは四十七士メンバーの寺坂吉右衛門、もうひとりは旧赤穂藩士と目される林仲助——と同一視されるのはなぜなのだろうか。

都の錦自身、そうまちがわれることを嫌わなかったところにこの作家の死ぬまで治らなかった衒気《げんき》の末路を感じる。

都の錦は、生涯の最後の最後まで小説作者として名をなすことに執念を捨てきれなかった。赤穂事件という恰好の題材に自分の技倆を注ぎこむことは作者冥利に尽きるであろう。その思いがつのったあまり、都の錦は描こうとする世界の秘密を知りうる人間に同化する妄想をすら抱くにいたったのではないか。

こんな情景がくりひろげられたにちがいない。

「わかり申した。不肖私も男の端くれ、貴殿のご素性は誓って口外致さぬ所存」

「これは迷惑。仔細はゆえあって申し上げられぬが、拙者はけっしてその名前の者ではございませぬ」

「そのお心根がいよいよ奥床しい」

「お人ちがいだと申しておるのに！」

「いや、じつに見上げたお人柄。感服感服」

都の錦には最初から氏名詐称をするような悪意があったとは思われない。ただ当人としては「落魄の戯作者とは世を忍ぶ仮の姿、じつは大望を秘めた天下の士」といった二重像のうちに自己の正体をくらますことは満更《まんざら》でもなかっただろう。だから、初めのうちこそむきになって否定してはいてもだんだん面倒になって、相手には勝手にそう思いこませておこうという気になったのかもしれない。

だが周囲の人びとが自分を寺坂吉右衛門と信じて疑わない状態が日常のようになるにつれて、都の錦の気持ちも少し変わってきた。余人ではなく、寺坂吉右衛門の名を称することには、たんなるなりすましごっこではない特別な意義があったのだ。

吉右衛門は寛文五年（一六六五）生まれ、都の錦より十歳年長であり、当時世間一般には所在が知られていない、しかも吉良上野介の首を深川から品川まで運んだルートとか事件の秘密事項をいろいろ知っていながら固く口を緘《かん》していて、特別な伝説の衣にくるまれている。

もしかしたら都の錦は、吉右衛門の深い沈黙の奥底に、他の四十六人の切腹によって封じこめられ、未完のシナリオのまま霧散した雄大きわまる史劇のようなものが潜んでいると期待をかけ、自分だったら、吉右衛門の筆に仮託してその壮大な夢を紡げると自負するようになっていたのかもしれないではないか。

自分が寺坂吉右衛門だと匂わせてみると、とたんに扱いが変わった。あからさまに名乗らないのがコツだ。具合の悪いことは適当に言葉を濁せば、向こうが勝手に恐縮してくれる。

「さようさよう。じゃが、お許しあれ、そこから先はくわしくは申されぬ」

「ご安心くだされ。深くは問い申さぬ」

こんな調子でなんどもピンチをすり抜けているうちに、都の錦の寺坂吉右衛門ぶりもだんだん板に付いていった。ちやほやされるのに馴れて、身体にも肉が付いた。

「吉良殿の御首を人目に立たず運ばれるのは、さぞご心労のことと拝察致す」

「いやいや、身共《みども》がひとりで運んだのではござらぬ。世にはそんな話がまかり通っているようで迷惑しており申す」

相手は心得顔にうなずき、いよいよ本物の寺坂といっしょにいると信じこんだ。都の錦もやがてしだいにあの朝の光景がくっきりと眼の前に蘇るのを見るようになった。

作中人物になりきるのは、作者になるよりも楽だった。

才能の世界は厳しい。

大奥のオイチョカブ

一

菱屋《ひしや》のお律《りつ》といったら、そのころその道では知らない者がいないくらいよく知られた名前だった。

「そのころ」というのは、元禄のインフレ政治が享保のデフレ政策に切り替わる混乱の過渡期といえる宝永《ほうえい》・正徳《しょうとく》年間（一七〇四〜一六）のことである。

「その道」というのは、トランプの札を使う賭博のことである。あまり知られていない事実だが、じつは日本には元禄期をピークとするトランプ賭博の全盛時代があったのだ。カルタ文化史研究家、遊戯史研究家の江橋崇《えばしたかし》氏は、名著『かるた』のなかで、「カルタ賭博は万治年間（一六五八〜六二）から、寛文、延宝、天和、貞享と時代が経つに連れてますます盛んになり、元禄年間（一六八八〜一七〇四）の大流行期を迎えた」と明記している。

近代日本ではともかく、江戸時代の賭博というとサイコロの丁半は別としてカードゲームの部類では、まず花札を思い浮かべるのがふつうだろう。しかし花札は江戸時代の中期に生まれ——寛政《かんせい》の改革によるとする通説が有力だが異論もある——たもので、幕末を経て明治に受け継がれる。花札が主流になるのに先立って、まず江戸時代の初めにトランプの盛期があり、その後幕府に禁圧されて下火になったが、やがて花札に取って替わられるという経過をたどる。そんな前史は長いこと忘れられていた。われわれがトランプにいまだエキゾティシズムを感じるのはたぶんその失われた前史のためなのである。

明治以後、われわれが知っているこの種の玩弄物は、伝統的な花札と舶来のカードとの二本立てになっている。ただし後者はトランプという新しい名で知られ、どうやらその享受は、社会階層の上下をも反映しているようである。トランプ遊びをする家庭はやはりどこかハイカラな匂いがし、花札を引く世帯とはどうもちょっと感じが違う。裏の世界の賭博でもポーカーやバカラはいかにも都会的で、インテリヤクザといった印象を受ける。今日でもカルタ文化と花札文化とのあいだには微妙だが無視できない一線が引かれている。

元禄前後に起きた空前のカルタ流行は同時にまた絶後であった。そのころの発熱したような社会体温を再実感するのはむずかしいが、それが日本文化史上まことにユニークな一時代であったことはまちがいない。カルタ文化には、しかし、長い長いカルタ以前の賭博文化の時代がある。だからこの一篇でも、ヒロイン菱屋お律の物語に入る前に、わが国における賭博史の大略を頭に入れておくことにしよう。

日本でバクチがおこなわれた最古の記録は、なんと『日本書紀』の天武《てんむ》十四年（六八五）にさかのぼる。この年九月十八日、天皇は宮中に皇族と朝廷高官を召して「博戯《はくぎ》」をさせている。双六《すごろく》・サイコロなど賭けを目的にした勝負事のことだが、この時代はまだ娯楽と賭博の境界は曖昧《あいまい》で、どこから先を禁止するのかは不分明だったらしい。その後、奈良時代になって賭博は厳しく禁制されるようになり、続く平安時代にも鎌倉時代にも禁令がくりかえし発されている。

賭事の歴史は、どんな用具を使っているかを基準にして時代区分をすることができる。日本の古代から中世（室町時代まで）の賭博は、基本的にサイコロを用いたことに特色がある。

その事情をいちばんよく象徴するのは、平安時代末の院政期に専制的な権力を揮った後白河法皇が「自分の思いのままにならぬもの」の例として、鴨川の水の流れ、比叡山延暦寺の僧兵と並んでサイコロの目を挙げたという『平家物語』の話だろう。しかし、さらに時代が下って戦国時代末にいたると、わが国の賭博の歴史にひとつの顕著な変化が生ずることになる。慶長《けいちょう》二年（一五九七）に発布された「長宗《ちょうそ》我部《かべ》掟書《おきてがき》」（「長宗我部元親《もとちか》百箇条」）の第三条である。

博奕・カルタ、その他の勝負事をしてはならない。また、それ以外の不作法も禁制する。

長宗我部氏は天正《てんしょう》十三年（一五八五）、元親の代に四国全土を統一した戦国大名だが、のち豊臣秀吉《とよとみひでよし》の四国征伐によって領土を土佐一国に縮小され、その後、関ヶ原の合戦、大坂の陣で徳川家康《とくがわいえやす》に敗れて滅亡した。この封建分国法（一大名領内の範囲に適用される法規）で初めて「カルタ」という語が使われる。

土佐は海国である。南は太平洋に面しているうえに、元親は秀吉の朝鮮攻めに際して出兵しているから、海運・貿易も盛んだったはずである。水夫たちを通じてカルタ遊技が伝わる機会も多かったのではないか。

文禄《ぶんろく》・慶長の役（壬辰倭乱《じんしんわらん》）の歴史的功罪は別として、秀吉の朝鮮出兵が一部に猛烈な「戦争景気」をもたらしたことは確かだ。この戦争には交戦当事国の日本・朝鮮・明《みん》の三国だけでなく、戦争景気が周辺・関係国家をも刺激した。琉球、シャム、ベトナム、ポルトガルなどにも参戦気運があったと伝えられるし、軍需品や食料品の貿易も盛んになり、水軍要員への需要も高まり、また倭寇《わこう》など超国籍的な海賊たちにも空前の稼ぎ時が到来していた。

十六世紀を通じて世界貿易網が東漸《とうぜん》し、往来する船舶で繁雑をきわめていた東シナ海域はこの戦争で一段と活況を呈した。この界隈に押し寄せる船の乗組員や水夫たちが、長い航海の無《ぶ》聊《りょう》を慰める遊び道具としてカード類を携えていたのは想像に難くない。もちろん賭博の用具としてである。船中で興ずるばかりでなく、途中の寄港地にも持ちこまれ、たちまち現地住民のあいだで広がった。

カードは国籍を超えて楽しまれたゲームであった。「カード賭博のルールの習得に、言語の違いは障害にならなかった。具体的に絵札や数が示され、ごく簡単な数詞や単語だけで充分だった。賭博は万国共通の言葉だった」（増川宏一《ますかわこういち》『賭博 Ⅲ』）のである。

日本にいつ、どこからカード（カルタの英語）が渡来したかはどちらも正確にはわからない。時期の点では、慶長二年の分国法に「カルタ」の初出例が見られたことは前述のとおり。その初出例がこの遊具を「カルタ」とポルトガル語で表記していることから、渡来は最初、鎖国以前の南蛮貿易経由だったことがわかる。四つの紋標《スーツ》もポルトガル風（後述）であった。日を経ずして国産もされるようになり、「天正《てんしょう》かるた」と呼ばれて広くおこなわれた。「天正」は西暦で一五七三〜九二。十六世紀末の豊臣政権の全盛期である。

しかし、寛永十六年（一六三九）に鎖国が完成してポルトガル船の渡航が禁止されてからは、同国製のカルタは入手困難になり、鎖国後も通商国として残ったオランダの製品に切り替えられたのである。その前後の事情についてよく引照されるのがオランダ商館日記の次の記述である。寛永十七年（一六四〇）九月八日、平戸《ひらど》オランダ商館長カロンは、時の有力者だった関宿《せきやど》藩主牧野《まきの》内匠頭《たくみのかみ》信成《のぶしげ》にこう書き送っている。

ポルトガルのカルタ（閣老から皇帝の乳母のため、希望されたもの）は、手に入らなかったが、この代りに、オランダのものを二組送った。これが気に入ったかどうか、知りたい、と書いた。（『平戸オランダ商館日記』第四輯、永積洋子訳）

「閣老」とあるのは当時の実力者、牧野信成のことだろう。ふつう老中の異称だが、信成は老中になっていない。「皇帝」とは将軍のこと。「乳母」と呼ばれているのは春日局《かすがのつぼね》。実際に三代将軍家光《いえみつ》の乳母だった。この時代、江戸城の中枢部でも、カルタがおおっぴらに愛好されていたことが歴然としている。

江戸城だけにはとどまらない。江戸市中でもカルタは盛んに行われ、賭博の手段にもなっていた。そのことは承応《じょうおう》四年（一六五五）三月に布告された触書《ふれがき》の文言から明らかである。

カルタその他博奕の諸勝負を堅く禁止すると度々《たびたび》触書を出してきたが、最近またみだりに行われているという噂だ。これ以上法度《はっと》（法令）に背く者がいた場合には厳重に処罰する。当人はもちろん、場所を提供した者も同様である。（『御触書寛保集成《おふれがきかんぽうしゅうせい》』「博奕之部」、＃2779）

文面によると、カルタ禁制の布告はこの触書以前にも「度々」公布されていたらしい。

事実、同集成の「雑の部」には、同趣旨の触書が慶安《けいあん》元年（一六四八）二月と承応二年（一六五三）七月にも発されたという記載がある。このうち慶安元年のもの（＃2883）の文言中には「諸勝負」のひとつに「かるた」と明記している。

下々の階層では非・公然化しておきながら、上層の一部ではハイカラ趣味を満喫しつつひそかにカードゲームが——もちろん、金を賭けながら——楽しまれていたらしいのだ。このようにこの時代、上下こもごもカルタ競技がたいへん盛んだったことは、さまざまな文献から確められる。それにはどんなカードが使われていたのだろうか。

二

天和《てんな》二年（一六八二）から貞享《じょうきょう》三年（一六八六）にかけて京都で刊行された『雍州府志《ようしゅうふし》』

という書物がある。京都の地理、沿革、風俗行事、神社、寺院、特産物、古蹟、陵墓などをくわしく叙述した地誌である。著者は歴史学者の黒川道祐《くろかわどうゆう》。

元禄三年（一六九〇）には、当時の社会・生活風俗の浩瀚《こうかん》な図像記録というべき『人倫訓蒙《じんりんきんもう》図彙《ずい》』が刊行されている。「訓蒙」は本書の場合キンモウと読むならわしである。西鶴本の多くに挿絵を描いているのと同じ画工のものだともいわれる。いろいろな職業に従事する職工の生態もよく描いており、そのなかに「かるた師」という見出しで画および説明文がある。

［かるた師］

かるたはオランダ人の翫びものである。一種各十二枚あり、コツフ・ワウル・ハウ・イスの四種があって、合計四十八枚である。他に歌かるた・詩かるたがあり、歌かるたは京都寺町通二条の上、ひいなやにある。四十八枚物は五条通に多い。大坂久太良町にある。彩色は外に出してもこれを付ける。

右に「オランダ人の」とあるのは、ポルトガル人とあるべきところをまちがったのか、それとも鎖国以後のことだから、実際にはオランダ人しか知らなかったからかは不明。

ともかく『雍州府志』には、当時流行したカルタの遊びかたが次のように要領よく説明されている。原本は漢文記述なので江橋崇氏の訳文にしたがう（『かるた』）。

カルタには四種類の紋標がある。一種が各々十二枚で、合計で四十八枚である。その内の一種の紋標をイスという。南蛮の国では剣をイスハタと称するのである。この紋標は剣に似ていて、数第一から第九までである。第十は法師の形に描きこれは僧侶の形を表している。第十一は騎馬の人でこれは士を表している。第十二は床に座り込む人でこれは庶民を表している。もう一種の紋標はハウという。南蛮の国では青色をハウと称する。この紋標でも第一から第九までの数札と第十、第十一、第十二のカードは前と同じである。もう一種の紋標はコツフという。南蛮の国では酒盃をコツフと称する。これは酒盃を表している。もう一種類の紋標はオウルという。南蛮の国では玉をオウルと称する。これは玉を表すものである。（『かるた』 傍点引用者）

左から「ハウ」「イス」「コツフ」「オウル」の紋標。三池カルタ・歴史資料館蔵の復元「三池カルタ」のもの。（江橋崇『かるた』より）

右に現代語訳された原文には「青色をハウと称する」とか「玉をオウルと称する」とかの誤りもある（ハウは「棍棒」を、オウルは「金貨」をそれぞれ意味するポルトガル語）が、あとはおおむね正しい。

イス・ハウ・コッフ・オウルという四つの紋標をもつことは、ダイヤ・クラブ・ハート・スペードの四紋標《スーツ》をもつオランダ系のトランプと系統を異にはするが、ぴたりと対応している。

そして注目すべきなのは、『雍州府志』がカルタの枚数を四十八枚と明記していることである。現行のトランプは各スーツが「13」（キング）までの十三枚あり、合計五十二枚を原則としてプレイするが、そのころ京都で作られていたカードは「四種紋一種各十二枚通計四十八枚揃い」だったのである。

それから『雍州府志』はカルタの遊びかたの説明になる。

> 始めに三人ないし五人が囲むように座って、その内の一人が左手にカルタを持って、（右手を使って）カードの裏面を上にして上下をよく混ぜて、表面の図像を見ないようにしながら各々の参加者の前に配分して（すべてのカードを）置いていく。これをカルタを切るという。それから遊技を行うことをカルタを打つという。然る後に、参加者が手にしたカードを一、二、三という次第に数えてゆき、早く所持するカードを出し尽した者を勝者とする。俗にはいつも（声を出して）数えて打つので（この遊技法を）『ヨミ』という。また、こうして手にしたカードの中から紋標の同じものを互いに出し合って競い合い、その同じ紋標のカードを持っていない者は負けにする方法もある。これを『合《あわせ》』というが、紋標を合せるという意味である。

「互いに出し合って」といっているのが多少不分明であるが、この点は『近世上方語辞典』が「手札と場札との絵を合わせるの意」としているのに従おう。いまの花札と同じ競技法である。要するに、たんに数を揃えるだけでなく、数と紋標の組み合わせによって札の高下・優劣・点数が定められ、勝負がつくといったルールのものだったらしい。

この流行現象が狂乱的にまでなった人間模様を見逃さずとらえているのがやはり井原西鶴である。西鶴作品をざっと通観しただけでも諸種のカルタ遊技に言及した箇所はいくつも見つかる。西鶴がとくに深い興味を抱いたというわけではない。たんに時代と好尚をともにしているだけだ。

自然・人事の万象を端から即席に五七五や七七の韻律に取りこんでゆく矢数俳諧《やかずはいかい》の実例はこの際度外視する。当然のことながら、早くから浮世草子にも顔を出している。

人間が身の破滅を顧みずバクチの魔力に引きこまれてゆく姿を鬼気迫る筆致で描いた作品は昔からある。たとえばプーシキンの『スペードの女王』やドストエフスキーの『賭博者』などが古来有名だ。

日本の江戸時代にも、そうした奇怪な情念がふと世間常識も分別もそなえた町人に取りつき、ずるずる引き返し不能なところに連れ出してゆくありさまを西鶴が書きたどっている。貞享四年（一六八七）に刊行された『懐硯《ふところすずり》』中の一篇「照《てら》を取《とる》昼舟の中《うち》」（巻一―二）である。全五巻二十五篇の狂言回しは諸国一見の旅僧伴山《ばんざん》。この法師が北は奥羽下北、南は九州壱岐の松原まで行脚《あんぎゃ》する道すがら、乗りこんだ淀の川舟のなかで目撃したカルタ勝負の情景が本作の物語だ。

京都の伏見で淀川を大坂まで下る舟にたまたま乗り合わせた相客は、播磨《はりま》の浄土坊主・近江《おうみ》の布屋《ぬのや》・長崎の職業不明の町人・大坂の材木屋の子清兵衛の四人である。清兵衛は越中《えっちゅう》に暮らして材木で三百両儲け、故郷の大坂へ錦を着て帰る途中である。

まだ大坂までは舟の上で六里半（約二六キロ）も距離があるので、旅慣れた面々は枚方《ひらかた》から身拵《みごしら》えして、竹杖までも取り出して用意し、万事に気を付けているうちに、船頭が櫓《ろ》した米櫃《まいびつ》から布袋屋《ほていや》かるたの、十、馬、八、九の札が足りないのをかき集めてやっと一揃いにした物を出して来る。物を出して来る。小者どもは最初これを一文、二文に「読む」ことから始め、間もなくめいめい四、五文ずつ銭を置いて、手元せわしく勝負し出した。

まだ終着地の大坂八軒家まではだいぶあるが、船客たちは手前の枚方あたりから降りる用意をしはじめ、旅僧も竹杖を身辺に寄せるなどする。船頭は舟に備えつけの米櫃から布袋屋製のカルタを取り出して乗客を遊ばせる。布袋屋というのは、当時京都五条橋通にあった有名なカルタ屋（製造元）であり、その製品には定評があった。良質なのでよく普及していたと見える。

ところで「十、馬、八、九の札が足りないのに客に差し出している。舟のなかでもとくに頼まれないのをかき集めてやっと一揃いにした物」とはなんのことだろうか。順序は逆だが、十を飛ばして「馬」はカルタ用語で「11」の札を指す。これはヨミカルタ――親から順に一、二、三と手札を場に出していき、現在の「七並べ」のように、早く出しつくした者を勝とするゲーム。数を読み進むのでこの名前がある――の場合である。

続きには「小者どもは最初これを一文、二文に『読む』」とあるから、おこなわれているのはヨミカルタだろうと推察できる。賭金は二文・三文の小額だから、これはいよいよヨミカルタと見てまちがいない。ヨミはだいたい「小銭を賭けて行う賭博遊技」（江橋崇『かるた』）なのである。やや時代は下るが、『御定《おさだめがき》書百《ひやっか》箇条《じょう》』に、「軽き賭の宝引《ほうびき》・よみかるた」（享保十六年［一七三一］）でも、賭金を五十文以上にした者は博奕同然に重く処罰される（寛保三年［一七四三］）と定められているくらいだ。

要するに、船客を遊ばせようと出してきたカルタの札は、ばらばらなセットの寄せ集めだったのである。表にある数字の順序だけ分かればよいヨミカルタでは、カードの裏模様がきちんと斉一でなくても当座の間に合う。そのうちに小額では満足できなくなってきて、まもなく金額も四、五文を賭けるようになった。だんだん熱中してゆくのである。

清兵衛の下人で越中（現・富山県）から召し連れてきた男が、百さし（穴開き銭を緡《さし》に束ねた百文、正味九十六文）全部をすってしまい、即座に鬢鏡《びんかがみ》を八分（二両）で売って、これも打ち込んでしまう。下人が律義者で上気してうろたえた貎《かお》つきがあまり真剣なので、清兵衛は「取り返してやろう」と冗談半分に勝負に加わるうちに、自分も銭八百負けになった。

ここでやめておけばよかったのである。だが、そのときは誰にも結末が予想できない。

これぎりというところへ播磨の長老（浄土坊主）が進み出、後生大事に手札をひねり始める。何しろ日頃から、九品《くぼん》の浄土講と銘打って衆生《しゆじよう》残らず根から取ることに馴れているから、シャカリキになって賭金を増やし、だんだん豆板銀《まめいたぎん》や一分金と額が大きくなって、長老が六、七両もお勝ちになる。

清兵衛はこれを引け際にやめようと思ったが、博奕を側で見ていた坊さんが割りこんできたので勝負を続けた。「途中で降りちゃいけませんよ」ぐらいは言われたかもしれない。これがまたいやに賭事に強い坊主で、信者から浄土講の掛金を取り立てるような塩梅に賭金を根こそぎ巻き上げる。「九品」は極楽浄土の縁語、往生する者の階位である。負けたほうもムキになって賭ける額を吊り上げる。豆板銀（重量十匁《もんめ》くらいの銀塊）や一分金（四分の一両）がもち出される賭博になったのだ。長老はこれにも勝って全部で六、七両もちゃっかり頂戴した。

近江の布屋さし出、長崎の人大気《たいき》にかかり、三番まき（不詳）の競技で付け目（いい目）

を取って山のように賭金を置き、それが次第につのって千両ばかりになる。小判があちこちの手に渡ったので、船頭は古御器《ふるごき》を出して寺銭《てらせん》を集めたが、これさえ金子十両になるくらいの盛況だった。

こうなると近江の布屋も長崎の町人も黙って見てはいられない。近江人がしゃしゃり出、長崎人が気前よく山のように大枚を張ってこれに運のよい目が出たので、場の全員がしだいに気持ちをつのらせて、とうとう千両ぐらいの金が動くようになった。小判が取ったり取られたりあちこちに往き来し、船頭が寺銭（ショバ代）として取った金も十両あまりになった。

播磨の坊主も近江の布屋も長崎の町人も、みなほくほく顔で舟を下りたが、ひとり哀れをとどめたのは清兵衛だ。手持ちの三百両を全額すったうえ、土産物の絹綿もみな賭けてなくしてしまい、ようやく船頭に泣きついて寺銭から金二分と銭二百文をもらい受け、もう故郷へ帰る甲斐はないと越中まで歩いて引き返した。

なるほど「かりにもせまじきものは博奕わざ」というのが、この一篇を語り終えての作者の教訓《モラル》ではあろうが、鹿爪らしくそんな世の常識を説くのは上っ面にすぎず、この作者はほんとうのところ、みずから描き取った人間の生態に自分でも呆れ果てて、「人間てやつはまったくどうしようもないですなあ」と、読者に共感を求めて目配せをして見せているのではなかろうか。

三

浮世草子だけではない。近松門左衛門《ちかまつもんざえもん》の浄瑠璃《じょうるり》にも、このころ盛んだった笑い話（噺本《はなしぼん》というジャンルができる）にも、カルタの札の呼び名だのゲームの用語だのがふんだんに用いられている。カルタ語彙は、常套句化したとはいわないが、社会にかなり普及していたのである。それはちょうど現代のわれわれが日常の話題に、ごく自然にマージャンや競馬の決まり文句をまぜるようなものだ。

社会のさまざまな階層にカルタ文化の潮が満ちていた。その片鱗を窺《うかが》わせる珍談が神谷養勇軒《かみやようゆうけん》の『新著聞集《しんちょもんじゅう》』に載っている。成立はだいぶ後の寛延《かんえん》二年（一七四九）だが、時代を越えて巷間の奇話をいろいろ拾い集めたアンソロジーだ。この話のタイトルも「卒爾《そつじ》の（思いがけない）わざはひ」というのである。こんな話だ。

江戸八丁堀《はっちょうぼり》の家主《やぬし》茂右衛門《もえもん》の店子《たなこ》に六兵衛《ろくべえ》という男がいた。この六兵衛の家の仏壇からカルタの札が一枚見つかった。発見した茂右衛門はそれをそっと持ち帰り、大急ぎで下男の若い衆を呼び集めた。

「たいへんだ〳〵。すぐに六兵衛を搦め取ってこい」

若い衆はなんの考えもなく、われさきにと六兵衛宅に押し入り、高手小手に縛りあげる。町中の人びとが家から飛び出してきて、口々にこれはどういうわけだと尋ねる騒ぎになった。

「六兵衛め、じつはキリシタンだったんだ。証拠は、ほら、このとおり」

茂右衛門がカルタの札を取り出して見せる。それを見た五人組の孫兵衛《まごべえ》が手を拍《う》っていった。

「なあんだ。こりゃカルサンというごくありふれたものだ。うちの子どもだって持っていますよ」

茂右衛門はびっくりして急いで縄を解き、「えらいまちがいでした。勘弁《かんべん》してください」とさんざん詫言《わびごと》をいったが、こんどは六兵衛のほうが納まらない。堪忍《かんにん》なぞできるものかと言い張って、自分から奉行所へ訴え出た。

時の奉行は島田玄蕃《しまだげんば》だった。

「なるほど六兵衛が怒るのはもっともである。そうではあるが、カルタをキリシタンの仏（「札」の誤刻でなければ、この一枚は絵札だったのだろう）と言い、またこれをカルサンなどとまちがえるのは、カルタを知らないのだからしかたがないことだ。しかし六兵衛にガマンしろとだけいうのも片手落ちになろう。（茂右衛門に向って）そのほうの家賃は月にいくらかな？」

「金三分でございます」

「では今後二分にするがよい。粗忽《そこつ》をしたことの詫び料じゃ」

という具合に、この話は島田玄蕃なる江戸町奉行による「大岡裁き」的な名裁判の結末で終わるのだが、これはいったい、いつ頃のできごとだったのだろうか。

玄蕃というのは、大身旗本島田家の一支流の当代が代々世襲した通称らしい。ところが、島田家出身の町奉行はふたりいる。『柳営補任《りゅうえいぶにん》』によると、ひとりは島田弾正忠利政《だんじょうのちゅうとしまさ》。在職期間は慶長十八年（一六一三）～寛永《かんえい》八年（一六三一）。もうひとりは島田出雲守忠政《いずものかみただまさ》。寛文七年（一六六七）～延宝《えんぽう》七年（一六七九）の在任である。忠正は利政の四男に当たっている。

さて、このふたりのどちらだろうか。慶長・元和・寛永の時代には、なるほどキリシタンは禁制されていたが、ポルトガル船の渡航は寛永十六年（一六三九）までまだ自由であり、時人は当時としてのハイカラ品——船乗りたちの玩弄品として持ちこまれたカードなど——を日常的に見知っていたと思われる。カルタの札を見たことがなかったわけはない。

おそらく話中の六兵衛宅では、もう亡くなっている父親が若いころ手すさびにしていためくりカルタの一枚をしまい忘れていたのだろう。六兵衛も自分の家にそんなものが残っていたことを知らなかったのである。

カルサンは、「軽衫」と書く。来日したポルトガル人が穿いていたズボンの真似をして筒を太く、裾口を狭く作った太目《ふとめ》の袴だ。江戸時代の労働着として重宝《ちょうほう》されたが、いつしかその名称がポルトガル語起源であることも忘れられていたらしい。六兵衛を弁護した孫兵衛はそれがポルトガル語系だと薄々知ってはいたようだが、カルタのことと思いこんでいる始末。

それやこれやを勘案すると、どうやらこの小事件は、南蛮貿易も泰西《たいせい》の文物も一昔前の話になった寛文～延宝期に起きたと考えるのが自然なようである。

たしかにこの時期から元禄にかけてカルタ文化は全盛を迎えるが、そのころにはもうその由来や起源などは忘れ去られ、絵札も「釈迦」とか「観音」とか国産品にふさわしく名づけられ、多少異国趣味を残したカード遊びの一種として流行したものと思われる。

そしてどんな分野にも、その道の名人と仰がれる人物はいるものだ。

四

ここで話は本題の菱屋お律の物語に戻る。舌耕家《ぜっこうか》（講釈師）馬場文耕《ばばぶんこう》の『当世武野俗談《とうせいぶやぞくだん》』（宝暦七年［一七五七］自序）に「菱屋おりつ、かるた名誉」と題された一篇がある。

この晴れがましい評判を得たのは、江戸本所一ツ目の蠟燭《ろうそく》問屋で、商売の間口を広げて寄合茶屋も営んだ菱屋小左衛門《こざえもん》の女房お律という女性である。小左衛門の父親は、徳川五代将軍綱吉の寵臣柳沢吉保《やなぎさわよしやす》から気に入られて柳沢家の定紋である花菱《はなびし》の小袖を許され、家号を「菱屋」とした人物であった。お律は瓜《うり》の仁助《にすけ》という侠客の娘だったが、男まさりの活潑な気性で隣近所を騒がせていた。お律の妹も両国橋の「幾世餅《いくよもち》」の店へ嫁ぎ、名舗の女房たる貫禄を備えていた。

ちなみに幾世餅という菓子は、小松屋喜兵衛《こまつやきへえ》なる者が元禄十七年（一七〇四、三月十三日に改元して宝永元年）両国に餅屋を開いて売り出したものという。喜兵衛はもと橋本町《はしもとちょう》――大道芸人の願人《がんにん》長屋があった地域――に住む車力頭だったが、上野寛永寺の根本中堂の普請《ふしん》工事をきっかけに金を儲け、それを開店資金に充て、また吉原河岸見世の女郎「いくよ」を請け出した。みずから餅を焼いて売ったのでだんだん評判になり、大繁盛して名代《なだい》になったそうだ（『墨水消夏録《ぼくすいしょうかろく》』）。

ありがたいことには、この記事によって、われわれは『当世武野俗談』には明記されていない菱屋お律のだいたいの年齢を特定することができる。妹が嫁いだのは元禄十七年よりは後の話だから、お律の特技が人びとの話題になったのは、早くとも宝永に入ってからのことだったはずである。

喜兵衛開運のもとになった仏寺造営の背景には、もちろん綱吉生母桂昌院《けいしょういん》の発願がある。根本中堂の落慶は元禄十一年（一六九八）だ。喜兵衛は名舗の主人に納まってからは娘に唐様《からよう》の書を習わせたり、自身も禅学を学んだりしたというが、こうした経済力のある町人が生活の余裕を得て、身をもって浸った綱吉＝吉保主導の文化主義的雰囲気、この時代特有の学芸好きの拡散が感じられる。

その点では、いま話題にしている菱屋のお律も同じ生活文化圏にあった。異国情緒たっぷりのカルタ捌きの腕前などは、一種エリート趣味の遊芸として一部のサークルで珍重されたのではないか。お律は幼いころから仕込まれて見よう見真似で自然に覚えたカルタを好み、またたいへんな上手で、菱屋の女房になってからも、誘われるままに、しょっちゅう所々方々へヨミを打って歩いていた。

折しもいよいよ身分の高下を問わずカルタ大流行のご時世だった。浅草辺の寺々の住持・長老・御聖人《おしょうにん》と呼ばれるような名僧知識たちも勝負に加わり、やれ「かるたの上手」は猿江《さるえ》の専念寺《せんねんじ》の住職だとか、やれ砂村の百姓縫右衛門に比べれば専念寺は「馬・キリ」(「11」「12」の札)の扱いで腕が劣るの、両替町の会津屋五兵衛は「アザ」(ハウの「1」の札)の使いかたがうまいとか、仲間うちで噂しあうのが習わしのようになっていた。

菱屋のお律は、そういう人びととも腕に甲乙をつけがたいほどの名人だった。黒札(カルタの裏面)を撒いたとき、撒く人の手つき・顔つきから場に散らされた八枚が何々であるかを鏡を見るように見抜いてしまう眼力の持主だったのである。

父親が柳沢吉保のお気に入りだったといっても、お律は吉保その人に会った記憶はなかった。まだ座敷に顔を出すような年齢に達していなかったのだ。

父小左衛門がいとなむ茶屋へは諸藩の留守居役の方々や材木屋とか呉服屋の主たちが多くお見えになったが、たいがいは皆々お忍びでいらっしゃるうえに、大事な話になると店の者は必ず座敷から遠ざけられるので、今日は誰がおいでかなどは娘の身にとうていわかるものではない。

わずかにある晩、頭巾で深く顔を包んだ品のよい初老のお侍から、利発な娘だと誉められて頭を撫でられたことを思い出す。あのときのご老人が、ひょっとしたら柳沢の大殿さまではなかっただろうか。考えれば、自分が「かるた名誉」などとおこがましく呼ばれるようになったのも大殿さまのお引き立てのお蔭だった。柳沢家の家風では誰であれ何か才芸に秀でた者は一目置かれた。吉保の側近で家老職を勤めた曾禰《そね》権大夫保格《ごんだゆうやすただ》は柳沢の姓を与えられているくらいだ。その子に生まれたのが文人画家として有名な柳沢淇園《きえん》（柳 里恭《りゅうりきょう》）である。

淇園は、綱吉＝吉保政権の文化的ムードのなかで早期から英才教育を受け、十代の少年のころから荻生徂徠《おぎゅうそらい》・服部南郭《はっとりなんかく》・細井広沢《ほそいこうたく》・岡島冠山《おかじまかんざん》といった学者に師事していた。が、この少年の知識欲は学問・学芸にとどまらず、俳諧・歌道はもとより能楽・琴・三味線・鼓・香道にいたるまであらゆる分野に及ぶ。その渉猟癖はすこぶる多岐にわたり、多芸を通り越してほとんど好事家《こうずか》的であり、「文学武術を始めて人の師たるに足れる芸十六に及ぶ」（『近世畸人伝』）という評語を奉られるほど好奇心旺盛であった。

当然、同時代のカルタ隆盛に無関心でいられるはずはなかった。

淇園自身がカルタを打ったという記録はないが、この遊びにはかなりの好奇心を抱いていたらしいことは『ひとりね』のこんな記述からも明らかだろう。

カルタの打ちかた（競技法）で三枚でするのをカブという、札の目数の合計から十を引き、八つあるのをオイチョといい、九つあるのをカブというそうだ。十に詰まって目数のないものをブタと称するとのこと。カブにはいろいろな名称があって品《しな》がある（役がついている）。胴取る人（親）が三枚揃える（ゾロメ）のを「嵐」というとか、ややこしい決まりがあるという。「合わせカルタ」「武者カルタ」「役者カルタ」などいろいろな種類が

ある。（第百十二条）

こうした話を、淇園は「ある古ばくち打ち」から聞いたといっている。甲府藩邸に抱えていた食客のひとりでもあろうか。好奇心旺盛な淇園は、この人物からオイチョ・カブ・ブタといった初歩的なカルタ用語を小耳に挟んでいたのである。また、十代から遊所になずみ、名うての遊女好きで知られる淇園のことだ。交情した何人もの遊女のうちには手慰みにカルタをたしなんだ女も当然いたかもしれない。身分の違いから、また男と女のことでもあり、淇園とお律とがふたりきりで相対する機会があったとは思えないが、しかし異才は奇才を知る。おたがいに相手の評判を知っていたにちがいない。

五

正徳二年（一七一二）九月九日の夜、江戸城大奥のお喜世の方の居室には、錚々《そうそう》たる客たちが顔を揃えていた。

今夜集まったメンバーはこの政権を支えている生え抜きだった。側用人の間部越前守《まなべえちぜんのかみ》詮房《あきふさ》。身分は本丸寄合（無役の旗本）ながら、詮房のブレインとして幕政を牛耳っている新井白石《あらいはくせき》。先代綱吉の時代から勘定奉行の要職にある荻原近江守重秀《おぎわらおうみのかみしげひで》。一座を仕切っているのは、今夜の集まりでいわばホステス役を務めている家継の生母、お喜世の方だった。

そんなきらびやかな人物たちの座に連れて来られ、借りてきた猫のように末座に置かれたお律は、自分がなんのためにこの席に呼ばれたのか分からず、ただただ戸惑っていた。万事は亭主役の詮房の胸三寸に納まっているようだった。しかしその詮房はいくらお律が救いを求めて視線を送っても、つれない顔をして知らんぷりを決めこんでいた。

それもそのはず、じつは詮房は他のことに気もそぞろで、とてもお律に気を配るどころではなかったのだ。気にしているのは目の前にいる重秀と新井白石のふたりのことだ。ここお喜世の方の居間は、公けの場所ではなかったが、客の座に案内されたふたりは殿中の席次にしたがって勘定奉行の重秀が上座に据えられていた。白石は下座に座っている。ところが、このふたりはどちらも強ばった顔つきで不興気に前方に目を据えたきりで、たがいに口を利こうとしない。詮房も初めのうちは軽い冗談で仲を取りなし、場の重い空気をどうにかやわらげようとしていたが、ふたりには取りつくシマもないので、諦めて自分も沈黙に加わった。

いたたまれない雰囲気だった。お律はただオロオロするほかなかった。お律も菱屋ほどの豪商の内儀である。難儀な商売相手——ときには武家のこともあった——と商談をまとめるために酒の席に出て一座を取りなしたり、丸めたりした経験にも富み、多少のことにはたじろがない自信はあった。しかし、只今のありさまはまったく処置なしで、さすがのお律の手にも余った。

ここにいるのはみな、日の本の国政にたずさわる人物だった。それがいずれも不機嫌に黙りこくって、たがいに苛立っているのだ。ひどく気詰まりな雰囲気だった。すぐにでもその場から立ち去りたかった。

幸い、そのとき、奥の襖《ふすま》がするすると開かれ、数人の奥女中をしたがえ白綸子《しろりんず》の打掛《うちかけ》を身にまとったお喜世の方が部屋に入ってきて、当然であるかのように間部詮房の隣に座を占めたので空気が変わった。

あの噂は、たぶんほんとうだわ、とお律は思った。それくらい、満座のなかで詮房とお喜世の方の仲のよさはあけすけなのだ。客人の不機嫌の壁に直面して自信なげだった詮房も、ゲンキンなもので、お喜世の方が加わってから急に生気を取り戻したかのように見えたのがなによりの証拠だ。お律は詮房の艶福家ぶりやお喜世の方の厚かましい見せつけに岡焼きを覚えながらも、ふたりが漂わせている淫蕩な気分になにか危険なものを感じ取って警戒した。

部屋では、そんな世上の噂を知ってか知らずてか、お喜世の方がいかにもはしゃいだようすで一座を仕切っていた。打掛を脱ぎ、懐中から紫の袱紗《ふくさ》包みを取り出すと、重々しく室内の一同に示す。そしてなにが出てくるかと好奇の念に駆られる全員の視線を集めて、おもむろに中身を畳に広げた袱紗の上に置いた。見なれぬ小さな紙箱のなかに分厚い紙切れがぎっしり詰まっている。「ああ、あれだ」とお律にはさっそく見当がついた。が、他のメンバーは初めて目にする対象でやたら物珍しいらしい。博識の聞こえ高い新井白石などは、まだ自分の知らぬ物が世に存在するのがいぶかしいという風情でしきりに首をひねっていた。

「これはかの春日《かすが》のお局《つぼね》さまご遺愛の品と聞き及ぶ。わざわざオランダ商館から取り寄せた品だそうな。お局さまは御三代さま（将軍家光）のご養育やらご後見やらでたいへんお忙しい身であられましたなれど、たまさかお暇などがあったときは、他のお部屋さま方やご老女たちを集めて、カルタ遊びに興じられたとのこと。お城のお文庫にひっそり伝えられていたものが、このたび縁あってか妾《わらわ》の許に参りました」

「はて面妖な。これはいったい何でござるかな？」

と白石。

「カルタの一組《ひとくみ》。見たところ、紋標も模様もいまのものとは違っているようなれど、違いを呑みこみさえすれば仕組みはまったく同じとのこと。お律とやら、きっとそうであろうな？」

「は、はい。そのとおりでござります」

いきなり名前を呼ばれてびっくりしたが、お律は咄嗟《とっさ》に調子を合わせた。いち早くその場の空気を読んだからだ。機敏なお律は、一瞬のうちに、詮房とお喜世の方がなにかを諜《しめ》しあわせてこの日の集まりを催し、この会合で計画を進めようとしているのを察知した。そう思って見ると、詮房はうわべの無関心な表情とは裏腹にお喜世の方の口上を注意深く聞いているようだったし、お喜世の方は懇願の気持ちを必死に目であらわしていた。そのとき、お律は自分がこうしてこの席に呼ばれた意味を悟った。自分は明らかにある役割を期待されているのだ。

「この者は菱屋律と申して、先代さまのころから保山《ほうざん》（柳沢吉保の隠居名）どのの引き立てのあった者。身分は町人なれども、カルタの道では名人といわれる腕の持ち主。世に『かるた名誉』ともてはやされたとか」

「過分なお言葉、恐れ入りまする」

お律は深々と頭を下げて謝意をあらわして見せた。白石と重秀は上座から刺すような品定めの視線を注いでいたが、反面また、その目に「ほう」と感心したような好奇の色が浮かんでいたのでお律は安堵した。才芸のお披露目はこれで無事にすんだようだった。芸は身を助く、とはこのことだ。一介の町家の内儀でありながら、当今政局の衝《しょう》に当たっている錚々たる顔ぶれのあいだで面目を施すことができる！　これも身についたカルタ捌きの技能のおかげだった。

それにしても、自分は今ここでなにをさせられるのか。お律は身の引き締まるような緊張を感じた。

主《あるじ》の座ではお喜世の方が言葉を継いでいた。

「今宵、皆々に妾の部屋に入来《じゅらい》願うたのは、他でもなし。日ごろ、公けの仕事で苦労の皆々に少しでも肩をほぐしてもらいたく、他愛《たわい》ないかるた遊びで時を過ごそうかと存ずるしだい。聞けば、百年の昔かの春日のお局さまもご政事が難しいときなど、こういう遊びを催して気分を新たにされたそうな。このたびご遺愛のかるたが手に入ったのも、なにかの縁。と申しても、これは昔のもの。いまでは遊びかたを知る者も少ないとか。ここに控えているお律は、この道の達者にて、遊びの手ほどきができると申しておる」

お律は安心した。なるほど、これなら自分にもできる。できるどころか、これまでたくさんの人びとと手あわせしてきたが、たいがいの相手には負けたことがないという実績を重ねてきた。今日のお歴々は日々の政務には巧妙・剛腕・辣腕かもしれないが、遊びのほうではどんな成績か見当がつかなかった。この遊技では呑みこみの早さが勝負だ、その辺になるといかなる具合か心もとなかった。

さて、なにから始めたものか。

近江守さまはたいへん押しが強くていらっしゃるうえにひどく神経質で、細かなことまでもすべてご自分の差図どおりでないとお気が納まらない。白石さまは癇症《かんしょう》でいらっしゃるというもっぱらのお噂で、なんでもご自分のお考えに反対されるとご立腹になる。ご気性が激しい証拠には、眉間の皺が深く刻まれて「火」という字になっているほどだ。今日の主客のふたりはそういうオソロシイお方たちだとお律はさんざん聞かされていた。

招いた側にしてもけっして一筋縄でゆく人びとではない。越前守さま（間部詮房）は、現在のところでは、上様にいちばん近しい位置におられ万事を取りしきっていらっしゃるが、お役職は側用人だから御老中の方々との間がいつも円満とはかぎらない。早くも御代替りの後を考えている御老中もいるのではないかと綱渡りのような日々を送っておられるとのことだった。

まこと、当代一の権勢家はまた一日とて気の休まる日もないはずだが、越前守さまは「玉のようなお人だ」（『兼山秘策』第二冊）と世がこぞって褒めちぎる温顔をにこにこさせて送られているのだった。

そしてお喜世の方さまときた日にはおそらく今夜の参会者のなかでいちばん気の置ける、つまり油断のならない人物だった。お喜世の方さまは上様の特別のご寵愛を受けてご世子鍋松君のご生母になられた。

そこで誰が言い出すともなく、詮房とお喜世の方は親密すぎるという噂が広まる。詮房はもともと能役者上がりの美男子で、家宣に男色関係で寵愛されて側用人にまで出世したとの定評のある人物だ。権力の影にエロチックな気配がちらつく。

詮房はどちらの性でもＯＫだったらしい。男子禁制の決まりを破って、大奥のお喜世の方の部屋にしげしげと通い、ひとつの炬燵に差し向かいで入っていたので、あどけない家継がなに心なく「間部は上様のようじゃ」と口にしたという噂が広まった。幼児の直感で男女の真実をまっすぐ見抜いていたのである。規律が緩んでいたことを示す逸話だが、そうでなければ大奥で男女五人がカルタに興ぜられるはずはない。白石などはさぞ面白くなかったであろう。

内廷（後宮）のこととは別に、外廷（公的政務）でも家宣＝間部政権は先代からもち越した大問題を抱えこんでいた。五代将軍綱吉の習慣的な贅沢と濫費が幕府にもたらした財政危機の後始末である。綱吉の度重なる寺社造営・社寺参詣・臣下の邸への御成《おなり》などは多額の現金不足をもたらし、幕府は慢性的な金欠状態に陥っていた。これに一時的な解決策、ありていにいって弥縫策《びほうさく》を提供したのが、貞享四年（一六八七）勘定頭（のちの勘定奉行）に抜擢された荻原重秀である。重秀は『貨幣瓦礫説《がれきせつ》』――「貨幣は国家が造るものであり、これを瓦礫で作っても通用するはずだ」（『三王外記』）――と呼ばれる学説に等しい財政上の信念をもっており、これにもとづいて金・銀の含有率を減らした貨幣改鋳をおこなった。こうして品位の低い元禄金・元禄銀が大量に市場に出まわり、幕府の財政難を救ったのである。

家宣政権は綱吉時代の政策を「悪政」として撤回したが、だからといって幕府にカネができたわけではない。あいかわらず財政難だった。だいたい家宣の将軍職継承が決まったときですら、将軍宣下の経費を捻出するのに困ったほどだ。やむなく重秀に相談したところ、難なくまた銀の品位を下げた貨幣改鋳を実施して埒を明けた（『兼山秘策』第一冊）。このとき作られたのが「三ツ宝銀」（宝永三ツ宝丁銀《ちょうぎん》）である。宝永七年（一七一〇）のことであった。重秀はこの功で家宣から五百石加増されている。そんないきさつがあるから、ムゲに重秀を追い払うわけにはゆかなかったのである。

家宣から家継の治世は「正徳の治」と呼ばれる一時代を画しているが、その実態は、荻原重秀の通貨膨張策を、貨幣の品位を回復して流通量を減らすことに腐心した新井白石のデフレ政策が打ち破る政治闘争の諸局面であった。白石は鎖国以来、歴代徳川政権が陥っている輸入超過＝金銀流出（『折たく柴の記』によれば、白石の算定では慶安《けいあん》元年［一六四八］から宝永五年［一七〇八］までの六十年間に外国に出た金は二百三十九万七千六百両余、銀は三十七万四千二百二十九貫目余という巨額に達している）の現状を深く憂慮し、重秀による貨幣増鋳（＝品位低下）はますますこれを悪化させると考えた。

日本から流出した金銀はどこへ行ったのだろうか。

世界規模に広がる貨幣流通の流れに加わっていたのである。鎖国日本の位置を超マクロに見れば、「外部世界への日本の寄与、とりわけこれら船舶のきずなにのみ頼るその銀と銅の輸出は、世界経済の諸循環に影響を及ぼしていた」（ブローデル『物質文明・経済・資本主義』第二部『日常性の構造』、村上光彦訳）と要約されよう。日本は海洋を渡る金・銀の世界的循環に組みこまれていたのである。国際貿易の急激な発展は、貨幣地金としての貴金属にたいする未曾有の需要を生み出していた。

世界史に重商主義・重金主義のページが開かれていたのである。重秀も白石も知らなかったことだが、極東の一角といえども、貿易対価の支払いは国際的な銀の相場（標準価格）に従わざるをえず、たとえば朝鮮人参の交易に当たって、朝鮮側が元禄金の受け取りを拒否する事態も起きている（『兼山秘策』第四冊）。そんなこともあるから、貨幣は一日でも早く元の品位に復すべきだ、と白石は考えたのだ。

そんな基本政策の違いもあって、白石が重秀を憎むことはすこぶる激しかった。白石は相手を「奸邪《かんじゃ》の小人」（『折たく柴の記』）「共に天を戴かざるの仇」（『荻原重秀弾劾《だんがい》書』）と敵視して、その罷免を要求する上申書を提出し、しまいには殿中で暗殺するのも辞さないとまで思い詰めていた。

六

物語の現在時は正徳二年九月九日の夜である。表面ではなにごともなく、江戸城の公式行事はいつに変わらずおこなわれていたが、裏ではなにかが飽和に達しかけていた。

この日は重陽《ちょうよう》で菊の節句にあたり、昼間殿中では嘉節が祝われた。お喜世の方はその夜、自室に前記の顔ぶれを招き、簡素な夜餐には菊の酒も献じられた。誰もが素知らぬ顔をしていたが、水面下では後戻りの利かぬ政局劇が進行していた。将軍家宣は病気がちであり、健康がすぐれなかった。後継ぎはその子鍋松（家継）と内定していたが、まだ幼弱だったので、この際、尾張《おわり》家から新将軍を迎えようという意見もなくはなかった。

家宣政権を守り立てる立場の間部詮房は奮闘していた。政権の掲げる理念は、五代綱吉の元禄政治を「悪政」と否定し、とくにその放漫財政を建てなおして未曾有の「世界困窮」から武士社会を救うことにあった。そのためには綱吉政治の悪評を一身に集めた荻原重秀を追放しなければならない。その急先鋒は新井白石だった。

白石はすでに二度も重秀の罷免を求める上申書を出している。憎悪の念でいっぱいである。しかし重秀はまだ家宣＝間部政権の現職勘定奉行であり、有力官僚であるからにはあまり露骨に感情的な応対をするわけにはゆかない。白石はいくら火の子のように激しやすい気性だといってもその辺はオトナだ。というより、政治家の狡知が働くのである。相手を断罪しようという不穏な考えを腹中にじっと蔵しながらも、表にはいっさい出さない。

重秀のほうでもそれを薄々承知してはいるが知らぬ顔をしている。心中では白石の理想主義など嘴《くちばし》の黄色い儒生論議だと侮っているくらいだ。

詮房はこのふたりの対立に困りはてていたが、それを表面化させずに円満に納めようと懸命だった。だがそこは「ただ美しく温厚で、しかも条理がわかる」（『兼山秘策』第二冊）とされた世評どおりの如才なさでうわべをたくみに取りつくろっていた。達者な舵取りだった。だがその一方で詮房は、近々この問題に断を下さなければならないと覚悟を固めていた。自派の理念を押しとおすには、さしあたり白石に頼るほかはない。つまり、重秀を追放せねばならない。しかしそうしたら、自分の「玉のような人」という社会的イメージに傷がつく。詮房は悩んでいた。今夜の集まりを、フンギリをつける機会にしたかった。

そんな人間関係の危なっかしさをどのくらい知ってのことか、お喜世の方も詮房から託された役柄を必死で演じていた。場の空気を極力まろやかに保つことである。この女性の究極の望みは、わが子鍋松を通じて自分のＤＮＡを永く存続させること以外にはない。そのためには愛人でもある詮房との間柄を破綻なく保っていくしかないのだ。

お律はそれらの人間模様をあらあら頭に入れていた。とはいえ、これまでに数々の正念場に立ち会ってきたお律の経験は、こんな場合、なにも知らないようにふるまうのが得策だと教えていた。荻原さまと新井さまのあいだに飛び交っている、なに喰わぬ顔に隠されてはいるが剣《けん》呑《のん》な敵意にも、まるで気がつかないふりをするのが得策だと全本能が告げていた。

自分の役目はもっぱら、当代随一の人たちかは知れないがカルタに関してはシロウト同然の面々に遊びかたを教えることだ、とお律は自分に言い聞かせた。意外にむずかしそうだった。万事につけて気位の高いこのお歴々が素直に一介の町女房ふぜいの言葉に耳を貸すだろうか。

しかしいざとなったら、案ずるより産むが安しという言葉のとおり、カルタ教授は意外にうまくいった。お喜世の方に遠慮したのかもしれないが、三人の男たちはいずれも子どものように素直にお律の教えることをよく聞いてくれた。誰も理屈を言わなかったし、まぜっかえしもしなかった。政務に一流の人物でもこんなに無邪気なものなのか、とお律は考えた。カルタ捌きの腕を見せようと袱紗の上の札を取り上げて無造作に二つに分け、それを左右から一枚ずつ、互い違いに重なり合うように捌いて見せると、みな一様に感嘆の声を挙げ、あらためてお律を見なおすのだった。

カルタにはさまざまな遊びかたがあるが、今夜は時間もかぎられていることだし、すべてを伝授することなどとても無理だ。だからお律は数ある種類のなかから、いちばん覚えやすい「三枚ガルタ」を選ぶことにした。「カブ」ともいわれ、下世話の社会では好まれている遊びである。当時通用のカルタ全四十八枚(前出)のうち、一から十までの札四十枚を用い、順にめくって手札と合した三枚の末尾(一桁目)の数字が「9」か、「9」にもっとも近い者を勝ちとする。後世流行し、いや現代でもおこなわれているオイチョカブの祖型であり、また語源でもある。オイチョは「8」を、カブは「9」を意味し、いずれもポルトガル語の転訛という。

この競技はまず「親」と「子」を決めなければならない。場に盛り挙げた「山札」からいちばん若い「2」を引いた詮房が、決まりどおり最初の親になった。お喜世の方が札を切って詮房に渡す。詮房は馴れぬ手つきで重秀・白石・お喜世の方・お律の四人の「子」に、一枚ずつ表向きにして配る。自分の前には裏向きで一枚。残りは全部山札にする。

子には配られた札の数字がわかっているから、それと山札から取って新たに配られる札——これを「決め札」という——の数字との合計（つまり手札と決め札との合計）の末尾が「9」であるか、「9」にいちばん近い数となるかの見当をつけて賭けに出る。二枚目で思わしい合計数にならない場合にはさらにもう一枚決め札を引くことができる。最後に親が場で裏向きだった札をひっくりかえして表の数字を皆に見せ、自分の決め札を引いてそれに加える。その合計が子の最高点を上回っているかどうかで勝敗が決まる。

勝負が始まった。今夜のメンバーはさすがに物事の呑みこみが早く、競技は初めてこそもたついたものの、なんの支障もなくスラスラと運んだ。お律がおもしろいと思ったことには、当初ただの遊びごとと軽い気持ちでつきあうつもりだったゲームに、一同は次第しだいにのめりこみ、真剣に熱中しはじめたようすだった。

決め札を二枚ですましておけばよかったのに三枚目まで親に請求し、かえって数を小さくしてしまったような場合でも、お喜世の方は真っ正直に大げさに口惜しがり、詮房はますます能面のように無表情になり、重秀は不機嫌にむっと黙りこみ——きっと近江守さまは「勘定奉行である俺としたことが」と思われ、心中では切歯扼腕《せっしやくわん》されていることだろうと、お律はおかしかった——、白石は例のように「火」の字を眉間に描き出している。

カルタ遊びには別にレートはない。江戸城の上層部がまさかバクチをするわけにはゆきかねるが、たまには座興で下々の流儀をまねぶのもよかろうというので、札の数字がそのまま点数に移行し、一点につき元禄金で一両が「老中相場」になっていた。勝負の結果を精算すればバカにできない金額になる。勘定奉行の近江守さまがシャカリキになられるのも無理はなかった。

勝負事には人間の性格が出るという。昔、唐土《もろこし》の天子は、臣下の人となりを試すために酒を飲ませて酔態を観察したそうだが、勝負事をやらせてみるのも効果的かもしれなかった。

いや、越前守さまはもとよりそのおつもりでいらして、その観察はもうすでに始まっているのではないか。だとしたら、とお律は心を引き締めて札を捌く手にもおのずと力がこもった。

そろそろ今夜の催しもお開きになる刻限が迫っていた。人びとの顔つきも真剣になる。負けのこんでいる方々はぜひ損害を取り戻そうと懸命になられている気配だった。なかでも見ものは近江守さまと新井さまという負けず嫌い同士の張り合いだ。どちらもこの相手にだけは負けたくないと精気を奮い起こしていらっしゃる。近江守さまはお顔の色がだんだん青白くなるのにたいして、新井さまがいよいよ熱中して顔面を紅潮させておいでになるのが印象的だ。

それにしても、越前守さまはお人が悪い。最後の勝負が始まる直前になって突然こんなことを言い出された。

ご一同、いかがでござろう。次の一番にて今夜の集いはおつもりにしようと存ずるが、この勝負で勝ったお人は今日の勝ち点を総取りにするということに致してはどうであろう。なにかご異存はござるかな？

当代随一の権勢家のいうことだから、誰も反対する者はいなかった。最後の親を決める段になり、山札から「2」の札を引き当てたお律がその場の親になった。手順どおり、四人の子に一枚ずつ札を配り、自分の札の数をちらりと見た――「8」だった――後、それを伏せる。ちょっと大きすぎる点数だった。

決め札を配る番だ。お喜世の方と詮房は二枚目を一瞥《いちべつ》しただけで諦めたようで、それ以上なにも請求しなかった。重秀の最初の札は「7」だったし、二枚目にも不満足だったようで三枚目を要請した。白石は最初が「6」、二枚目になにか心ゆく点数が得られたと見えて、なにも言わずに三枚目は見送った。

お律は決め札を引いた。一枚目ですでに「8」だから、二枚目に「1」が来ないかぎり、高得点は望めない。引いたのは「4」だった。足せば「2」にしかならない。お律は子に勝たせるつもりだからあえて三枚目を引かず、そのままにした。

全員の札が開かれる。詮房とお喜世の方はともに合計「4」で問題にならない。重秀は二枚目に「5」を引いて点を「2」にした。おそらく捲土重来《けんどちょうらい》を焦ったのだろう、三枚目でなんとかしようとしたが、こんどは「8」をもってきてしまった。「0」となってすべて水の泡だ。これに引きかえ、白石は運が強かった。二枚目に「2」がまわってきて合計「8」。賢明にも三枚目を引かなかったので、これが場の最高得点になった。

十何両かが懐に転がりこんだ白石はさすがに嬉しそうだった。

「これでよかったのでしょうか」と、お律はそっと詮房の顔色をうかがった。自分は間部越前守さまの意を体してちゃんとふるまえただろうか。視線を走らせると、詮房は自席でうなずいて見せている。満足したというしるしだった。お律はほっと安心した。詮房が自己の決断のために今日の集まりを利用したのかどうかは知らない。しかし、このカルタの勝負のしかたが、詮房になにかの断を下すきっかけを与えたことだけは確実であるように思われた。

荻原重秀はひどく不満げなようすだった。

帰り支度をしているお律につかつかと歩み寄り、どっかと座りこむと、膝小僧が触れ合わんばかりに身を寄せて、いきなりこうまくしたてる。

「けしからんぞ。そなたは勘解由《かげゆ》どの（白石の通称）にわざと勝たせたな！　そなたは勘解由どのに勝てる札を配ったであろう。恐れ多くもお喜世の方さまのお部屋で、いかに慰みごととは申せ、イカサマをしてよいと思うか！」

「いいえ。けっしてそのようなことはございませぬ。しておりませぬ」

「じゃが、現にそなたは勘解由どのに勝ちを譲っておるではないか」

「はい。私の手札では勝てないと思ったからでございます。それに、譲ったとおっしゃるなら、あのときは、あなたさまにもご同様でございます。私は親に勝ち目がないと見ましたので勝負を下りました」

「じゃと申して」

重秀はなおも言いつのろうとしたが、少し離れてハラハラしながらようすを見ていた詮房が近づいてきたので、お律はどうにか難を逃れた。が、重秀に心外なことを言われた気持ちが納まらず、鉾先を詮房に向けて一言いわなければ気がすまなかった。

「下手な人にかぎって、やたら自分が勝とう勝とうとするものですわ。悪い札が来たときこそ上手と下手の差が出るものです。上手な人は、無理に勝とうとは思わないで、安く勝つ相手にわざと打ちこむこともあります。それがカルタ上手というものですよ」

「そんなものかのう」

「こんな具合にカルタ上手は勝負の先を読みますから、傍目《はため》には、不思議な妙技に見えるのでしょうね」

「いかにも。……そなたのように方々でカルタを打っていると、いろいろな人と出会うであろうのう?」

「はい。いろいろなお方のお相手をいたしまするる」

「みんな金を賭けるか?」

「たいがいは賭けまする。ですから、どなたも勝とう、勝とうとして勝負をなさいます。いえ、勝負をなさるのはいいのですが、勝って得をしよう、賭けてあるお金を手に入れようとする下心が、ときどき露わに出るのでございます」

「それがカルタと申すものではないのか？」

「違いまする！（律は強い語気でいった）まことのカルタ打ちには心根《こころね》がございます。いくら高く賭けても、それは心を爽やかにするためです。自分のカンが告げたとおりの目数が出るかと思い詰め、頭は酒に酔ったよう、胸はドキドキして胃の腑が咽喉から飛び出しそうになりますが、そういう気持ちになることが楽しみなのです。金儲けをしようなどという根性はカルタ打ちの風上にも置けません」

「なるほど」

「私には図面が目に見えるのでございます。札を晒さなくてもこの札はこうだろうと模様と数が目に浮かぶのですわ。うまく申せませんが、なにかの模様のように目に見えるのです。それが図に当たって勝負に勝つと、なにかイカサマでもしたのではないかとお怒りになる方もいらっしゃる。私は心底口惜しうございます！」

「さもあろう。さもあろう」

なにか思い当たることでもあるのか、詮房は大きくうなずいた。それは目の前のお律に相槌を打つというより、自分を励ますためのようだった。

詮房はその夜のうちに、家宣の病を冒《おか》して面謁した。この人には珍しいしかたである。翌日の正徳二年九月十日、家宣は新井白石が提出した三回目の『荻原重秀弾劾書』を受理した。そして翌十一日、重秀は役職を罷免《ひめん》される。『徳川実紀』はこの日「勘定奉行荻原近江守重秀職奪われて寄合（上級旗本無役者）となる」と記す。家宣が薨去《こうきょ》したのは十月十四日のこと。享年五十一。さらに重秀は罪を問われて下獄し、正徳三年九月二十六日、獄中で絶食したまま死ぬ。

新井白石は政敵を葬り去るためには、なんの容赦もなかったのである。

こうして政争に決着をつけた白石はその後、重秀の「貨幣瓦礫説」を全面否定する自己の学説――いわば「品位主義的貨幣説」――の実現をめざして、金銀含有率を慶長の旧に戻した「正徳金銀」を鋳造する。しかし、予想に反してこれは時代の経済逼迫（「世界困窮」）を救うどころか、かえってデフレーションを引き起こし、家継（鍋松）が幼くして薨じたのち紀伊徳川家から入った八代将軍吉宗の登場、白石の失脚を招き寄せることになる。

重秀・白石両人の運命はジェットコースターのように乱高下する。その潮目の見きわめが政治家の命運を分ける。どちらの局面に向かうかには因果的必然のみならず、予測のつかない偶然も介入する。人が偶然と名づけるものは、めくってみなければなんであるかわからない裏返しのカードに似ている。江戸城大奥でのカルタ会は案外正確に、参加者たちのその後を占っていたのかもしれない。

カネに恨みは数々ござる

一

「カネに恨みは数々ござる」――思えば、近来これほど広く人びとの共感を集めた言葉はないだろう。誰でも一生のうち少なくとも一度はしみじみとこの語句を口にしたことがあるにちがいない。わずかな金額が工面できず住宅ローンの頭金が払えない、カード金融を利用しすぎて借金がかさんだ、まさか奨学金の利子取り立てがあろうとは予想しなかった等々、思い当たることはいろいろあるはずだ。

この流行り文句がいつごろから使われはじめたのかは不明だが、おそらくそう昨今のことではあるまい。もともとこれは歌舞伎舞踊『京鹿子娘道成寺《きょうがのこむすめどうじょうじ》』の下座に唄われる長唄の詞章にある「鐘に恨みは数々ござる」という一節の地口《じぐち》（語呂《ごろ》合わせ）だ。

『京鹿子娘道成寺』は能の大曲『道成寺』を下敷きにした舞踊であり、道成寺伝説で語られ、人びとによく知られた奇怪な物語の後日譚になっている。清姫《きよひめ》の亡霊が白拍子《しらびょうし》（男装して今様《いまよう》や朗詠《ろうえい》を歌いながら舞った遊女）に化けて紀州道成寺の鐘供養に現われ、一舞いした後、鐘に飛び入って蛇身に変ずるという筋立てであるが、本作はお定まりの筋を追うよりも、花子と名乗るシテが鐘入りの前に可憐な町娘の姿になって、女形舞踊の技巧をたっぷり見せる芸づくしを見せ場にしているところに特色がある。問題の語句は鐘に見入った花子の「中啓《ちゅうけい》（末が開いたままの扇）の舞」の場面の長唄で歌われる。

〽鐘に恨みは数々ござる
初夜の鐘を撞く時は　諸行無常と響くなり
後夜の鐘を撞く時は　是生《ぜ》滅法《しょうめつぽう》と響くなり

安珍《あんちん》清姫の物語——女が恋の執念のあまり蛇になって鐘に隠れた美僧を焼き殺す話——で知られる道成寺伝説は、能・幸若舞・浄瑠璃などあまたの作品の題材になった。とくに江戸時代になってからはさまざまに趣向を凝らせて、歌舞伎狂言・歌舞伎舞踊の演目になっている。

勝川春章『娘道成寺』
（東京国立博物館蔵）

「鐘入り」の場面は、舞台での最高の山場だから、演出にもいろいろな工夫が凝らされてきた。花子が町娘に変わるのもそのひとつであるが、この趣向は最初からあったものではない。「鐘に恨みは数々ござる」の名文句はなおさらだ。

上に掲げたのは、これから鐘に飛び

入ろうとする白拍子花子が恨んでもあまりあるくだんの鐘にきっと目を据えた場面をとらえた役者絵である。花子に扮しているのは三代目瀬川菊之丞。天明七年（一七八七）一月、江戸森田座の舞台だ。もちろんこれが『娘道成寺』の初演だったというのではない。このスタイルが定着するまでにはかなりの歳月と何人もの俳優の絶え間ない努力が積み重ねられているが、最初に花子の町娘化の道を開いたのは元禄生まれの名優、初代瀬川菊之丞らしいのである。

この役者絵のモデルになっている瀬川菊之丞というのは、江戸歌舞伎の女形を象徴する大名《だいみょう》跡《せき》である。初代は元禄六年（一六九三）に生まれ、活躍したのは享保年間になってからであったが、役者修業でさまざまな苦労を重ねた経歴を見ると、「元禄」の時代色がくっきりと滲み出ている。俳名は路考。屋号は浜村屋だったので通称を浜村屋路考という。寛延二年（一七四九）歿。

菊之丞の名跡は現代まで入れると七代目まであるが、その三代目までの伝記を記した版本『菊家《きくけ》彫《ぼり》』（波静、安永八年［一七七九］刊）がある。同書には、「元祖瀬川菊之丞は道頓堀貝塚屋より出たる人にて、大坂の色子」とあって、この女形の出身が色子だったこと、菊之丞が色子あがりだった事実を明記している。

「色子」というのは、年齢が若く、まだ一人前とは認められない歌舞伎役者で、男色を売ることも兼職した若衆の称であり「舞台子」ともいった。まだ舞台に出ない少年は「陰間《かげま》」である。元禄期の代表的女方で菊之丞の先輩格の芳沢あやめも、五歳のとき大坂道頓堀の色子となって綾之助と名のっていた（『あやめぐさ』）。当時、歌舞伎と男色とは密接な関係があったから、それ自体は別に驚くべきことではないが、けっして苦労のないことではなかったのが確実である。

男色ではもともと精神愛と肉体愛の境目が定かでない上に、色子の場合は性愛の成就と目的ははっきりしているから、催情帯・遂情点は肛門と相場は決まっている。容姿とか仕草とか手管はいろいろあるだろうが、つまるところは肛門性愛の一事だろう。

民俗学者の南方熊楠《みなかたくまぐす》は『南方熊楠男色談義［岩田準一往復書簡］』のなかで、宝暦《ほうれき》（一七五一～六四）ころの作と伝える（宮武外骨《みやたけがいこつ》説）という「百人一首体の絵本」を紹介している（第十七書簡）。この本に「若道心得《じゃくどう》のこと」という一条があって、兄分との一儀が終わったあとの若衆のたしなみについてこう書いてあるそうだ。

片手に揉んだ紙をもち、静かに兄分の一物を拭い、その紙を自分の肛門にあて、しばらく話をして、その後静かに床を出て帯をすること。（中略）さて、それから雪隠《せっちん》へ行くがよい。兄分がしこんだ淫水を下すのである。（中略）雪隠は近き所へは行ってはならない。淫水を下す音がビチビチと鳴って甚だ夥しく聞えるものであるから、程遠い雪隠に行くがよい。

このような配慮が「同性愛」ゆえのやさしい心遣いなのか、「同性性欲」に付帯する習慣的行為であるかはまことにデリケートで、どちらとも区別しにくい。右の一文を引用した熊楠は、同書から、〽世の中は色こそはやれおいどする尻の穴でも気をばやるなれ、という弘法大師作と称する一首を掲げ、さらに「そもそも野郎の勤めかなしさやる方なし」と言っているから、もっぱら男色の即物的な面を念頭に置いていたことはまちがいない。もしこの例が宝暦のことで元禄から遠すぎるというのなら、逆に、元禄以前から適例を挙げよう。熊楠は男色の蘊《うん》奥《のう》をつくした伝書『弘法大師一巻之書』なる写本を紹介している。内容はもっと多岐にわたっているが要諦は次の三ヵ条に尽きよう。

一、児の口は細いのがよろしい。口の広いのは殊の外大尻なことがある。
一、肛門の色が少し赤いのがよろしい。血色のない尻は糞が出ることがある。
一、顔のなりふりでだいたいはわかる。尻はいざ目前で見るものだが、顔は一目見ればすぐに尻のようすは知れるものである。

慶長三年（一五九八）三月

（第二十書簡）

慶長といえば元禄からほぼ百年の昔であるが、男色のコツはその以前も以後も基本は変わらず、世代から世代へ秘事の口伝として語り継がれたにちがいない。一般社会の念者・若衆関係でさえこうなのだから、ましてや、色子などプロの世界での男色業務の辛酸の度合いは想像がつく。

初代菊之丞は、初め吉次という芸名で若女形を勤めていたが、容貌は十人並み、しゃがれ声だったのであまり人気が出ず、むしろ兼業の色子稼業のほうで生計を立てていた。

二

のっけから現代の性常識とは多少はずれる話題で恐縮であるが、このように社会風俗・習俗のラインの引きかたが後世とは若干異なるのが「元禄」なのである。

元禄といえば、前世紀の六〇年代の中ごろ、京都は京阪三条の終点駅の真ん前に、「元禄」という名前の大きなキャバレーがあった。入ったことは一度もない。

当時、筆者はまだ学生の身分だったから、前を通りすぎただけだ。だが、分厚いドアガラスの向こうから伝わってくるバンド音楽やらさざめきの気配やらからは、自分とはかけ離れた世界があることが漠然と感じられた

その後数年して、このキャバレーは閉鎖されたと噂に聞いた。有名な暴力団の幹部が客席で殺されたのがきっかけだそうだ。そんなわけで店そのものは消滅したが、店名の「元禄」は不思議にずっと記憶に残った「げ、ん、ろ、く」という言葉の響きには、なにか派手なもの、華やかなもの、うつろうもの、やがて滅び去るものといったどこか二律背反的な美意識の連想がついてまわる。おまけに、思いきった行動にいつもともないがちな暴力的な血の匂いのようなものを付け加えてもよい。

元禄の年号が筆者に引き起こす一つながりの連想の一部には、どうも昔京都の盛り場でちら

りと覗いて見た奇妙に遠い世界の残像がこびりついているような気がしてならない。それはガラス戸に距てられた禁断の園だった。そこには疑いもなく、一介のスカンピン学生には手が出ず、及びもつかない美女と札束と官能の幻がきわどく渦巻いていた。客が来て入口のガラスドアが開閉するたびに生バンド演奏の楽音が漏れ聞こえ、広いフロアで肩も露わな女たちが男に肌を密着させて踊っているのがちらりと見えた。

これが筆者にとっての「元禄」の原体験である。魅力と禁断の匂いが同時にした。それはたんなる江戸時代の年号のひとつではなくて、「元禄模様」「元禄小袖」「元禄見得」といった派手やかなイメージで彩られた時間の実体である。「花の元禄」と謳われる独特の蠱惑《こわく》で人をさし招く。が、その花影には暗君・悪政・物欲・暴力といった危険がひしめいている。それは人を引き寄せながら撥ねつける、なまのアンビヴァレンツだった。いわば「フグは食いたし、命は惜しし」という俗諺にも似た、ちょっと後ろめたい好奇心が人心をそそるのである。

同時代を生きた人びとにとってもそうだった。

大勢がなんであれビッグになろうとして大坂や江戸に寄り集まった。元禄年間に相当する十七世紀末には、大坂の人口は約四十万、江戸は無慮百万を数えている。

その元禄の末年に大坂で少年時代を過ごした菊之丞、幼名吉次の日々が気楽なものだったわけはない。別に最初から色子になろうとしていたのではなく、大望は女形役者随一の芸で観客を唸らせることにあった。初舞台は宝永六年（一七〇九）、十七歳のとき、道頓堀でだったとされる（渡辺《わたなべ》保《たもつ》『娘道成寺』）。まず若女方としてスタートしたのはよいが、さりとてなかなかいい役に恵まれなかった。固有名詞のある役が回ってこないし、セリフのあることが珍しい。うまく行って「かいのう女房」が関の山だった。

芝居の言葉に「並び大名・かいのう女房」というのがある。端役のそのまた下っ端役者をいう言葉だ。たいがいは神社社頭だの御殿の大広間などの集団場面で、たとえば大名だったら、ひとりが「こりゃ大事《おおごと》に」というのを引き取り、大勢で声を揃えて「なったでござる」と承ける。女房なら、「さっさとあっちへ行《ゆ》」に、いっせいに「きゃいのう」と続ける。セリフといったらこれっきりなのである。

やっと正徳四年（一七一四）十一月、大坂の嵐三十郎座でちゃんと役名のある役にありついた。嵐三十郎とは、大坂の元禄歌舞伎を代表する俳優で、町人のやつしごとをやらせたら当代随一と評判された役者である。演目は『万代池鶴亀《ばんだいがいけのつるかめ》』。万代池は大阪市住吉区に現存する昔の灌漑池であるが、「聖徳太子が曼陀羅経《まんだらきょう》を上げて、池に棲む魔物を鎮めた」という伝承がある。脚本は失われているが、伊原青々園《いはらせいせいえん》の『歌舞伎年表』が記す梗概によれば、本狂言はその伝承と東山時代のお家騒動を取り合わせたものらしい。三十郎は主役の鶴岡菊太郎なる武士に扮している。

菊太郎は亀姫という許嫁《いいなずけ》がいるにもかかわらず、傾城高尾《けいせいたかお》と馴染みになり、紙合羽《かみがっぱ》頭巾《ずきん》のやつし姿で登場する。また亀姫が悪人に追われて寺の鐘に隠れる——すなわち道成寺の趣向（！）——と、それと知らずに鐘の前に来かかった菊太郎と高尾が色模様になり、鐘のなかの亀姫は嫉妬に狂って生霊になる。その生霊に憑かれた高尾が鐘を恨む仕草をする設定である。

しかし傾城高尾＝道成寺の白拍子の一人二役を演じたのは中村源太郎という役者だった。江戸三座で若女方を勤め、色女方のタイプで怨霊事《おんりようごと》や嫉妬事も得意だったとされる。作の設定にはぴったりの配役だった。哀れにも菊之丞にはこの役は来なかった。回ってきたのはほんのチョイ役である。

舞台の袖から見学した源太郎の振事《ふりごと》は鮮やかな出来だった。亀姫の生霊が高尾に取りつくくだりは見る者を慄然とさせるほど真に迫っていた。だが二十二歳の菊之丞は、まだろくな役ももらえない耳年増の若女方でしかないというのに、不逞千万にも「この道成寺は自分の考えていた道成寺とはちょっと違う、自分だったらきっともう少し違う風に演《や》る」とつぶやいていた。

このときの道成寺がどんな演出だったかはわからない。おそらく従来上演されてきた「道成寺物」の舞台の常套からたいして離れてはいなかったと想像される。芸能史学者の徳江《とくえ》元正《げんせい》氏によれば、岩手県大迫町《おおはさままち》（現・花巻市）に伝わる民俗芸能山伏神楽《やまぶしかぐら》には、『鐘巻《かねまき》』あるいは『鐘巻道成寺』という演目があり、かつて霊山を信仰する山伏修験たちによって演じられたものだが、後世数多の「道成寺物」に分化する以前のこの伝承の古型を伝えているという。たとえば鐘に見立てた作り物でも、竜頭《りゆうず》に相当する部分に赤いしごきの帯を結ぶなど「女人と梵鐘との因縁」が強調されているそうだ。『鐘巻』系統のヒロインは「ふせやの長者の一人娘」、橋は「由良の開山鐘巻寺」となっているが、女が鐘に執心を示すという設定は同じである。ただし、具体的な動作は「鐘の緒を押す」ことにこだわっていてなんらかの象徴的意味をもたせているかのようである。

同氏の「『道成寺』譚成立考」（『道成寺』所収、小学館刊）は、およそ道成寺伝説の骨子になっているのは女人の鐘への執心であるが、それが恋着した安珍を隠した鐘にたいする恨みの執念であるのか、それとも、さまざまな形で女人を禁制している鐘そのものへの怨恨感情の執着であるのかは一筋縄ではゆかないとし、謡曲『道成寺』以前の民俗芸能（番楽《ばんがく》や山伏神楽）の世界に伝わる『鐘巻』あるいは『鐘巻道成寺』といった演目に注意を促している。

女が執念を燃やす対象は「鐘」なのである。

だからここでは安珍と清姫との愛憎関係ではなく、「女」と「鐘」との本源的関係が問われなければならない。

鐘とは、なによりもまず鳴るものである。

鐘の音が聞く者の心に沁みとおるまでに響くにはいくつかの条件が必要だ。ごく大雑把にいって、

①澄んだ音が出る
②長く持続する（いくつもの振動数が複合する）
③遠くまでよく聞こえる

等々であろう。そういう鐘を造るには多くの秘伝が継承されたにちがいない。鐘は青銅（銅

と錫の合金）で鋳造されるが、ただ両金属を単純に溶合させただけではとてもよい音色は望めない。分量の配合にも場合によっては異種の金属の混入などにもいろいろな秘法が伝えられていたことだろう。

滋賀県湖北のある寺に伝わる寺鐘にまつわる伝承に、鐘の材料はすべて「さる高家のお女中方の拠出になる小道具類、鏡とか笄《こうがい》とか簪《かんざし》とか、針・毛抜などである」（同前書）というのがあったそうだ。女性が手持ちの古金《ふるがね》（使いふるした金属製品）を供出して鐘鋳《かねい》の材料に足した。これを「鐘勧進《かねかんじん》」といい、完成したのちにはその労を賑やかに歌舞でねぎらう「鐘供《かねく》養《よう》」がおこなわれたという。

釣鐘の地金の原料として唐銅《とうどう》の古い鏡が寄進された話は、ラフカディオ・ハーン（小泉八雲）の『怪談』にも痕跡を留めている。驚いたことには、その一篇の書出しは「今から八百年ほど昔、遠江《とおとうみ》の国無間山《むげんやま》の僧たちが、寺に大きな釣鐘をひとつほしいと思って」（「鏡と鐘」平井呈一訳）と始まっている。ある女が親の形見の鏡を喜捨したが、あとで急に惜しくなり、取り返したいと思い詰めたという。

その一念が凝って、鐘鋳のときにもその鏡だけはいつまでも溶けず、ついに女はこんな書き置きを残して身を投げて死んだ。「その鐘をつき破りたる者は、わが一念により金銀財宝をさずかるべし」。それ以来、人びとはわれもわれもと群をなしてくだんの鐘を撞きに押しかけてくるようになった、という話である。

現行の道成寺物で共通の場面になっている鐘供養はこういう長い前史をもつのである。せっかく罪障消滅の悲願をこめて寺鐘の鋳造に助力しながら酬われることがなかった女人の恨みが、道成寺物をつらぬく執着のむしろ本筋であって、愛欲の執念はかえって傍系だったともいえるのではないか。

だが、世に流布した道成寺説話の主流は女人愛欲の物語になり、江戸時代の文学・芸術ジャンルの大部分で主軸になったのは愛執の果ての鐘入り場面であった。近世文学以前の時代には、もっぱら神仏との交渉を中心に宗教のコードで解読されていた物語が、人間の情念のドラマに変形する。

民俗の集合性を背景に残したまま、人間個性の自己主張が前景に浮き立ってくるのだ。一昔前までは目立つことのなかった人間個人の特異性が発揮されるようになったのである。平たくいうなら、人間めいめいが目立ちたがるということだ。服装にも、髪型にも、化粧にもそれがあらわれた。そのことを端的に表現するのが、井原西鶴の「人は化物。世にない物はなし」(『西鶴諸国ばなし』序)という言葉だろう。西鶴の前には万人が万人にとって「化物」であるような新しい時代が開けていたのである。

同じ『西鶴諸国ばなし』の巻四に「忍び扇《おうぎ》の長哥《ながうた》」という一篇がある。その冒頭はこう書き出される。

大名屋敷住まいの気づまりも上野の花に忘れられる。諸人の心も浮き立つ春のありさまだ。衣裳幕の内は御殿女中の姿でいっぱいで、みんな上機嫌で小唄を口ずさむ。本物の桜より眺めがよいほどだ。

場面は桜花爛漫《おうからんまん》の江戸上野山。ここは毎年の春花見の人出で賑わうが、今年はその一角にさる大名屋敷に御殿勤めする奥女中たちの一行がまじっていた。花見の場所に幕を張りめぐらせて陣取るのだが、みんなすっかり上機嫌で流行の小唄まじりにいそいそしている。瓢《ふくべ》で携えた御酒も多少まわっていたかもしれない。「衣裳幕」とは、女中たちの着替えの小袖を綱に吊してぐるりを囲み、即席の幕にしたものという。だとすれば色とりどりで、よけい華やかだったにちがいない。女たちの容姿が、肌色が、衣裳の好みが、それぞれたがいに映発して元禄の春を演出している。

この華麗な眺めを背景にして進行するのは一場の恋愛悲劇なのであるが、それは別席の話題として、じつはこの一篇の見どころとして重視したいのは、右の引用中にあった「衣裳幕」の一語である。

思い思いの色に染め、好みの模様をあしらった着替えの小袖がずらりと吊されて花の枝の下で妍《けん》を競っているのだ。自然に「元禄小袖」という言葉が思い浮かぶ情景である。元禄小袖は「花見小袖」とも呼ばれ、これもこの時代に考案された友禅染《ゆうぜんぞめ》の染色技法によって着物全体に模様を派手に染め出したり、大柄な模様を散らしたりしたものが多い。上方の町人から流行が始まったとされ、自由に大胆な絵柄と明るい色彩が特徴だ。花見時の上野山などは人びとがその小袖姿を顕示し、比べ合う絶好のチャンスだったにちがいない。

『西鶴諸国ばなし』が刊行されたのは貞享二年（一六八五）一月。元禄改元の三年半ほど前である。後世「元禄文化」と言い習わされる世態風俗はほぼ出揃っていたと見てよいであろう。「忍び扇の長哥」一篇のヒロインは武家の子女であるが、元禄風俗と元禄女の欲求とはもちろん身分の境界を越えている。

元禄文化の特質はそのいちじるしい都会性にある。大坂と江戸には多くの人口が集住して町人社会を形成した。そこでは武家社会、農村社会よりもはるかにテンポよく、流行が交替した。贅沢と奢侈。その基調は、年号でいえば元禄・宝永・正徳・享保のごく初期まで持続していたのである。享保三年（一七一八）五月に町人男女の下着までを取り締まった「奢侈禁止令」が出て贅沢禁止が本格化するまで（『御触書寛保集成』#929）、民間では華美と禁制との鼬《いたち》ごっこだった。それは元禄風俗の延長上にあったのだ。

その証拠には、享保二年（一七一七）刊の江島其磧《えじまきせき》作『世間娘容気《せけんむすめかたぎ》』に、京都の町人女風俗を諷したこんな一節がある。

総じて、今時の女の風俗は、猫の目と同じで時々に変わるものだ。気を付けて見ると、花見帰りの夕方には、今朝家を出た時の姿と変わり、手早く木綿の足袋を脱いで袂《たもと》に入れ、銀の笄を楊枝《ようじ》に差し替え、玳瑁《たいまい》の櫛を財布代わりの鼻紙袋に入れ、緋縮緬《ひぢりめん》の湯具《ゆぐ》を内《うち》懐《ぶところ》にまくり上げる。……宵闇が身のまわりを隠してくれるのを幸い、田植え女が田圃《たんぼ》の草取りに行きでもするように裾をまくり上げ、どれが奥様やら飯炊き女やらわからぬほど混じり合って風俗が乱れ、酒機嫌でまちまちの声音で歌祭文《うたざいもん》（流行の俗謡）を唄ったり、八坂《やさか》や八軒縄手《はちけんなわて》（ともに京都の盛り場）の茶屋の戸を叩き、遊女を見物して帰ったりするほど、京女ほど男勝りで大胆な者はいない。（一之巻「男を尻に敷金の威光娘」）

ここでも花見が、女性たちにとってまたとない気晴らしの機会になっている。見るべきものは野放図もない解放感だ。夕方町に帰るときは、殊勝に日常生活に戻る体で、派手やかな花見装束を隠してふだん着に見えるようにふるまっているが、地味な作りに戻っても花見の浮かれ気分、ほろ酔い機嫌は抜けない。帰宅の途中、茶屋を覗いて遊女の見物をするのも道理、女たちは遊女の風儀を見学するのだ。この時代、世の流行風俗は遊郭を発信源にして社会に広まったのであるから。

三

自分では役不足で非常に不満足だったのかもしれないが、『菊家彫』は『万台池鶴亀』のころから菊之丞には「この時より少しずつ役付くようになり、位中《ちゅう》の上《じょう》に至る」と記している。役者評判記の位付《くらいづけ》では「若女方」の部で「中の上」にランクされたのである。なお「上々吉」には荻野八重桐《おぎのやえぎり》、「上々」には上村吉弥《かみむらきちや》、「上白上」には山下金作《やましたきんさく》といった名優が名を連ねている。

翌正徳五年（一七一五）の位付では「中の上々」とまた少しランクは上がっている。そのまた二年後の享保二年（一七一七）二月の『傾城褊襠桜《けいせいうちかけざくら》』では、浅右衛門の娘お霜なる役に付けられてもいる。位付も「上白」。それでも菊之丞は不満だった。この境遇は自分が望んでいるものとは違う。自分はこんなところでなにをしているのだ？　菊之丞の心は決まった。


それからいったん役者をやめ、元服して、また女形に戻る。享保八年（一七二三）、嵐三十郎が京都で座元を勤める一座に出演して「上」の一字に至る。それから段々の出世。

（『菊家彫』）


短い文章であるが、実際には菊之丞が役者をやめてから、また復帰するまでのあいだには何年もの歳月が流れている。役者を廃業したのは享保三年（一七一八）春とされるが（渡辺保『娘道成寺』）、この年菊之丞は二十六歳である。男娼としてももう色子では通用しない年齢だ。落籍した源右衛門とのあいだにも隙間風が吹いていなかったとはいえまい。

生活のためにはいやな男の口も吸わなければならないのが色子だ。相手がどんなむさ苦しい男でも、無遠慮に舌を差し出して舐めかかるときには、こちらも舌をいっぱい出して、味よく舐めさせてやらねばならない。日頃ろくに歯も磨かず、口中がなれ過ぎた鮓《すし》みたいな、醱酵したような悪臭を放つのもガマンせねばならない。

ふたりのあいだにどういうことがあったのかはわからないが、ともかく同棲生活は三年ぐらい続いた。その空白期間を経て享保五年（一七二〇）十一月に女形役者に舞い戻ったとき、菊之丞はすでに二十八歳になっていた。

役者復帰の証となるのは、『歌舞伎年表』享保五年の条に、京都榊山《さかきやま》座の顔見世に上演した『十二調子《じゆうにちようし》　恵《めぐみのこ》子宝《だから》』を載せ、「瀬川菊之丞、京始めての顔見世」と記してあることにもとづく。享保七年（一七二二）十一月には、菊之丞は座元（興行責任者）として京都に瀬川菊之丞座を立ち上げている。「それから段々の立身」（『菊家彫』）があって、翌八年（一七二三）には「上々」の位を付けられた。

快調な進出が継続する。享保十一年（一七二六）、京都嵐重次郎座の立女形《たておやま》になる（渡辺保『娘道成寺』）。念願かなって女形役者として一目置かれるようになったのである。当時の評判記には、「菊殿は生得の女、ぼんじやりと角《かど》なく、其まゝの女なるゆへ、爰《ここ》を以て最初に評をいたす」（『役者色紙子』、『演劇文庫』第六篇所収）というような褒め言葉があった。

この年菊之丞はもう三十四歳になっていたはずだ。思えば、吉次の名で初舞台を踏んだころは風采上がらず声は小さく、あまりパッとしたところのない役者だった菊之丞は、びっくりするほど大きく化けたのである。それも後世の言葉で技巧派とか性格俳優とかいうようなタイプではない。また、菊之丞の先輩格で元禄歌舞伎を代表する名女形だった芳沢あやめのように、舞台だけでなくいつも実生活から女になりきっているという伝説に包まれているほど極端にふるまってもいない。ふだんは凡庸な三十男がいざ舞台に立つと、その肢体からふうわりと

「女」が匂い出るのだ。

これに力を得た菊之丞は、享保十二年（一七二七）に座元を弟菊次郎（俳号は仙魚）に譲って舞台に専念、翌十三年（一七二八）には「上々吉とにわかに位を進め」る（『菊家彫』）。その評判は江戸にも届き、同十五年（一七三〇）十一月、初めて東下りして江戸中村座の顔見世狂言『入船蛭《いりふねひるがこ》小島《じま》』に出演する。菊之丞は「菊とじ源五」――源《みなもとのよりとも》頼朝を訴人しようとする悪役――の娘正木《まさき》に扮し、懐中の源義朝《よしとも》のシャレコウベを見つけられ、狂人のふりをして逃れる。その場面を七小町《ななこまち》の所作事《しよさごと》、それも一人狂言で演じて見せたので、大喝采の大当たりを取った。「七小町」というのは、小野小町《おののこまち》を題にした、以下の七つの謡曲のことである。

関寺《せきでら》小町
鸚鵡《おうむ》小町
卒都婆《そとば》小町
通《かよい》小町
草子洗《そうしあらい》小町
雨乞《あまごい》小町
清水《しみす》小町

それぞれが小町の生涯のエピソードを独立の場面にしている。たとえば『卒塔婆小町』では、摂津国阿倍野《せっつあべの》の道端で古びた卒塔婆に腰かけている垢と皺だらけの老婆は、かつて美貌を謳われた小野小町の成れの果ての姿であった。〽浮き世の涯はみな小町なり（芭蕉『猿蓑』）、である。やがて小町に深草の少将――小町に焦がれ死にをした男――の亡霊が取り憑き、生前の怨みを述べ立てて狂いまわる。

その他の小町物にもそれぞれのクライマックスがある。菊之丞はそれらの見せ場をひとりで踊り分けて見せた。容色に驕り、寄ってくる男を侮り、つれない素振りをした相手の怨みを買い、あげくに落魄の老いの身をさらす小町の深奥に永遠の「女」の原形が結晶体のように凝固するのを見て取り、それを舞台姿のうちに、透視写真のごとく展示する芸の力が江戸の観客に評価されたのである。菊之丞は自信をもった。

揚幕《あげまく》（花道の舞台の反対側の端や舞台の上手、下手にある出入口）から花道へ一歩踏み出す。その出端《では》にふわっとジワが押し寄せた。ジワとは観客が役者にたいして発する感嘆のざわめきのことだが、菊之丞にはそれが吐息のさざ波になって打ち寄せ、やわらかにわが身を押し包むように感じられた。空気の動きを肌にまつわらせるのは役者冥利に尽きた。

このジワこそが菊之丞の生き甲斐だった。

その翌年の享保十六年正月、中村座で『傾城福引名護屋《けいせいふくびきなごや》』に菊之丞は遊女葛城《かつらぎ》の役で出演する。手水鉢を無間鐘になぞらえる場面がヒットして興行は大入りになった。さらにこの好評を受けて、三月三日から『道成寺』の所作事を杵屋喜三郎《きねやきさぶろう》作曲の長唄付きで追加上演した（『歌舞伎年表』）、これがのちに『傾城道成寺』（別名『無間鐘新道成寺』『傾城無間鐘』『中山道成寺』

『葛城道成寺』）と呼ばれる演目である。

『菊家彫』が嬉々として書き残しているように、『福引名護屋』と「無間の鐘」との新奇な取り合わせは、それから「五月晦日《みそか》まで古今の大当たりになり、毎日朝五つ（午前八時ごろ）前に札は売り切れ。観客は提灯を下げて出かけるほどだった」といわれる大盛況。『傾城福引名護屋』という狂言には、芸能史上、歌舞伎史上、また道成寺物上演史上いくつものトピックが幾重にも折り重なっていて、その結果、これは一種記念碑的な演目になっている。

第一に、これは「不破名古屋物」といわれる歌舞伎の古典的な「趣向」にもとづく狂言である。「不破名古屋物」とは、歌舞伎芸能の始原伝説と巷間の侠客（カブキ者）礼賛の情念とが入り混じった構成をもち、阿国《おくに》歌舞伎の創始者名古屋山三郎《なごやさんざぶろう》と男伊達《おとこだて》不破万作《ふわばんさく》とが遊女葛城を争う恋の鞘当てを主筋にして仕組む作品群のことである（後述）。しかし、ここでは（第二に）その「趣向」が東山（室町末期）の「世界」と結びついて、足利義正公に忠臣山中鹿之介やら謀反人仁木弾正やらがアナクロにからむ荒唐無稽な筋立てになっている。

第三に遊女葛城。この女性はもともと京都の遊女のはずであるが、『傾城道成寺』では別にどこの遊女と特定せず、ただ名古屋への恋の執念ゆえに無間地獄に堕ちた葛城の亡霊が懺悔のために遠州中山寺へ来ることになっている。明らかに、中山寺に伝わる無間の鐘の伝説を意識しての設定なのである。

それぞれに独立し、地理的にも起源的にもまったく別物の話柄がここでは思いがけない出会いをして、ひとつの狂言に寄り集まってきているのだ。

立川《たてかわ》（烏亭《うてい》）焉馬《えんば》の『花江都《はなのえど》歌舞妓年代記』は、その過程を次のように跡づけている。

無間の鐘のこと。

遠江国《とおとうみのくに》佐屋郡《さやごおり》西山村にある無間《むげん》観音寺の釣鐘を撞《つ》けば、未来は無間地獄に堕ちるけれども、この世では富貴の身になる、という古い言い伝えがある。

それを歌舞伎狂言に取り入れて、元禄二年（一六八九）大坂の荒木与次兵衛《あらきよじべえ》座で、谷島主水《たにしまもんど》という若女方が傾城うらはの役を勤めて鐘を撞く所作をした。これが最初である（外題は『けいせい小夜《さよ》の中山』）。

次に、初代芳沢あやめが京都の早雲座《はやくもざ》で鐘を撞く。その時の所作は水木辰之助《みずきたつのすけ》が振り付けた。これが元禄十四年（一七〇一）のこと（外題不明）。

また享保十三年（一七二八）、京都の市山助五郎座で、瀬川菊之丞が庄屋六右衛門の娘おすまを勤めた。この時趣向を変え、手水鉢を鐘になぞらえて打ったのが人気を呼んだ。手水鉢の趣向の最初である（狂言外題は後述）。

さらに同十六年（一七三一）正月、江戸中村座で、菊之丞は遊女葛城の役で手水鉢を打つ場面を演じた。初日の舞台で小判を包む物がなかったので、咄嗟《とっさ》に衣裳の袖を引きちぎって見せた思い入れが大いに受けたものだから、翌日からずっとそのままでやり続けたという。

その後、元文《げんぶん》四年（一七三九）四月十一日、『ひらがな盛衰記《せいすいき》』という新作浄瑠璃が初演された。その文句に〽袖引きちぎり三百両、包むに余るよろこび涙、というのがあるのも、『福引名護屋』から採られたものだ。瀬川の家の芸が代々に伝わる誉れである。

右の引用中、元禄十四年と享保十三年の条は、いずれも上演された狂言の外題を逸しているので、そのうち他の資料でわかる享保十三年の分を補っておこう。『歌舞伎年表』によれば、この年「二月九日、京、市山助五郎座『けいせい満蔵鑑《まくらかがみ》』。作者、沢村文治。六右衛門娘おすま後に傾城金山《かなやま》にて無間鐘（菊之丞）……」とある。

つまり、この狂言では菊之丞は娘おすまと傾城金山の二役を演じたのである。というより、おすまがのちに苦界に身を沈めて傾城になり、なんらかの事情で金策に窮し、無間の鐘を撞くにいたるらしい。

見られるとおり、『歌舞妓年代記』の記事は鐘を撞く趣向が鐘に見立てた手水鉢を打つ趣向に変わっていく経過を狂言ごとにたどっている。「女と鐘」を主想とする「道成寺物」の本流から見れば、これは明らかに横道に逸れているといえる。早手まわしに言ってしまえば、この斜行・偏向は「鐘に怨みは数々ござる」の「鐘」を「カネ」と読み替えるコード変換がすでに進行していることを物語るのだが、個々の役者は通常そこまでは意識できない。役者はただ趣向の新奇さに賭けるだけだ。「新しい」という形容詞は最大の褒め言葉であった。手水鉢を鐘に見立てる趣向が新しいとされて喝采を博すると、その趣向はたちまち世の流行になった。

道成寺伝説と無間の鐘の伝説とは物語系統を全然異にしている。両方とも起源は古いが、起きた場所も遠く隔たっている。筆者《わたし》は「無間の鐘」についてはあとで別に「梅ヶ枝の手水鉢」と題する一篇を用意する予定なので、いまここでは本流の「道成寺伝説」の舞台芸術化がどういう道筋をたどったかをフォローしてみることにしよう。

四

最近ようやく忘却の底から発掘された岡正雄《おかまさお》という民族学者がいる。柳田國男《やなぎたくにお》に続く世代の人物である。「民族学」という学問は、今日では「文化人類学」に統合された感があり、考古学・先史学・民俗学などの諸近接研究との境界も未分明なところがあるが、岡の「民族学」は後世いくつもに分化していく以前の抱合性を残したまま原石のような輝きを放っている。

その岡正雄は、メラネシアに伝わる古来の習俗として「外来人は死者である」という信仰があったことに着目する。それが慣習化、フォークロア化して「夷人は畏敬、畏怖の対象である」とする民間伝承の母胎になったというのである。そしてそれに「暗示指向された」として「日本経済史研究への前提的考察を必要とする諸項目」を二十三ヵ条にわたって列挙している。

岡はこのことに先史時代における交易形態のひとつである「無言貿易」——異民族相互間での通話なしの原始的交易——との関連で光を与えようとしているのだが、筆者は目下のところ問題のその方面にあまり関心がない。興味があるのはさしあたり芸能民の起源に関する問題であるが、その際ヒントになるのは二十三項目のうちの最後の五項目である。

一九、異人がフォークロア化して遊行歌舞団となつたこと。
二〇、遊行人は畏装《ママ》し、杖と音とを有し、饗応を強制し、或は掠奪を敢へてし得ること。
二一、遊行人が神話、神の系譜を語り、或は之を演技で表現すること。多く季節と関係して。
二二、遊行歌謡団から伊達者（man-woman）が発生したこと。
二三、彼等は民間信仰に於ては、侮蔑されつゝも亦高き階級に属すとされたこと。

（『異人その他』）

この簡単なノートから誰でもすぐに思い浮かべるのは、柳田國男の「ホガヒビト」、折口信夫《おりくちしのぶ》の「まれびと」などと通いあう芸能漂泊民の姿であろう。たとえば折口信夫は、「まれびと」をただ珍客と見るのはまちがいで、それは常世《トコヨ》の国から来るものの称であるといい、さらに「まれびと」とは何か。神である。時を定めて来り臨む大神である（『「とこよ」と「まれびと」と』）」と明快に述べている。芸能はそうした来訪神を受け入れる神事を起源とし、神事の際、来訪神に扮した人間が芸能者の原形になる。

折口信夫が、その日本古代における芸能の発生のアイデアを沖縄の古俗から得たことはよく知られているが、岡正雄が示したメラネシアのフィールド・ワークにもとづく五ヵ条はその視野を隣接地域に広げたばかりではない。ウィーン学派の同時代の学者に、「ゲルマン民族やケルト民族における『神聖なる来訪者』の伝説や風習と比較研究」させたともいわれている。つまり、人間の通常社会に時々外界から来臨する「神」——神に扮する集団——と芸能集団とのつながりは地域を越えて人類普遍的だったのではないか。

とくに、岡正雄が「遊行歌舞団」の前身を「異人」であるとあっさり言いきっていることからは、電文的な簡潔さで趣意が伝わってくる。岡自身も同論文で「二一、二二が吾が国の芝居の起源に暗示を与へることは云ふまでもない」と注記しているように、この歌舞集団はいつもあの世からのメッセージを伝えてくるかのように演技し、かつ演技者がこの世ならぬオーラを漂わせていること——つまりその異形性——も、かつて「異人」として扱われたことの名残なのである。

わが国の場合、有史以前の時代にまでさかのぼれる芸能史のこうした原始層は、考古学的民俗として確認できるとともに、その記憶はわれわれの集合的無意識のうちに埋在しており、これまで何度となく時ならず突然意識の地表に吹き出ることがあって、ほとんど間歇《かんけつ》的に見えるほどだ。

日本の歴史をひもといてみると、大きな時代の変わり目には、ほぼ必ず集団で乱舞する人びとの群、狂乱・狂躁・恍惚・陶酔・忘我をともなう歌舞の人波に洗われている。古代末期の、古くは平安時代中期の天慶《てんぎょう》八年（九四五）、京都になにか正体の知れぬ神が入京するとの奇怪な噂が立ち、万を数える民衆が街道で歌舞した。「摩多羅神《またらじん》」という奇怪な神像もち出された。「天慶の乱」すなわち平将門《たいらのまさかど》の乱の最中である。永長《えいちょう》元年（一〇九六）、「永長大田楽《おおでんがく》」

と語り伝えられる狂乱が都に起きた。公卿も僧侶もみな仮装し、好みの衣裳で街路に繰り出し、検非違使《けびいし》も歌舞の行列に加わったといわれる。現役警官がハロウィーンの狂乱にまじるようなものだ。

このように人びとが精神的に発熱するような社会現象は、その他諸時代に訪れた歴史の曲がり角ごとに起こったにちがいない。が、いまクローズアップしようとする江戸時代元禄期——元禄年間に向かって経済史的に上昇してゆく万治・寛文・延宝・天和・貞享のいわばプレ元禄期およびその文化的雰囲気がなお持続する宝永・正徳のポスト元禄期も含む——の場合、問題の事象はもっと複雑な、屈折したあらわれかたをする。単純なストレートさで現象したのは織豊政権、安土桃山時代の末までであった。関ヶ原の戦勝の後、元和《げんな》元年（一六一五）に大坂を落城させて豊臣氏を亡ぼすまでの過渡期にあって、できたばかりの徳川幕府がいかに豊国祭《ほうこくさい》の挙行を神経質に警戒したかを思い見よ。

慶長九年（一六〇四）八月、豊臣秀吉の七回忌に当たり、豊国大明《ほうこくだいみょう》神臨時祭礼《じんりんじさいれい》が開催された。その模様を写し描いた作品が何点かの『豊国祭礼図屏風《ほうこくさいれいずびょうぶ》』であり、なかでも今いちばん興味を引かれるのが元和年間の作とされる徳川美術館蔵のものである。重要な美術品であるとともに絵画史料としても非常に名高いが、ここでは歴史の絵解きという側面を離れて、たとえば方広寺大仏殿前の群衆円舞のシーンのような「人数は爆発的に増えて過熱状態」「男女入り乱れての熱狂的なさま」（辻惟雄《つじのぶお》『岩佐又兵衛——浮世絵をつくった男の謎』）のほうに注目しよう。

人びとが入り乱れて踊り狂っているのは風流踊《ふりゅうおどり》だ。「風流踊」はもと室町時代に起こり、

「派手な扮装の人々が集団で、笛・太鼓・鉦《かね》・鼓などの伴奏で演じる踊り」であるが、その芸能や起源は盂蘭盆会《うらぼんえ》の念仏踊とあまり区別がない。違いはただ重点が布教にあるか楽しみにあるかにあったが、後世しだいに芸能化していった。なお、この秀吉七回忌の風流踊は、京の町衆が豊臣家から経費を保証されて演じたものであった。徳川方が神経を尖らせたゆえんである。

たしかに、基本的に太閤贔屓《たいこうびいき》である上方民衆のアナーキーな心情を反徳川気分に誘わないかという危惧もないではなかった。しかしこの徳川美術館蔵の屏風絵が製作された元和年間は、豊臣家滅亡のあとであり、豊臣・徳川開戦前夜のような緊張感はない。画面の構図からは、戦後の日本にも蔓延した〈アプレ・ゲール〉的雰囲気にどっぷり漬かった一種ニヒルな解放感が伝わってくる。もう戦争はないという安心感が引金になった野放図な自由気儘感である。歴史学者の黒田日出男《くろだひでお》は、画中の有名な「かぶき者の喧嘩」のシーンからわずか橋ひとつを隔てた空間に「男女の視線が微妙に交差する『うき世』の世界」（『豊国祭礼図を読む』）を見出している。

歌舞伎の創始者といわれる出雲阿国《いずものおくに》（お国）の姿は『豊国祭礼図屏風』には登場しない。しかし前年の慶長八年（一六〇三）五月に京都の四条河原で「かぶき踊り」を興行したという記録があるから、屏風絵の風流踊がお国と無関係だったとは思えない。だいたい「かぶき踊り」は前代からの流行物だった「風流踊り」「念仏踊り」「ややこ踊り（妙齢の少女だけの盆踊り）」などを母胎として踊り手が奇抜で極彩色の、耳目聳動《じもくしょうどう》的な「かぶき者」のスタイルで踊りまくったのだ。

出雲のお国といえばその愛人だったとされる名古屋山三郎。この人物は本来安土桃山時代の実在の武将であるが、生前からたぐいない美貌の持主で伊達者《だてしゃ》（華美な衣服や挙動を好む人物）として知られ、斬死するという「かぶき者」的な人生を過ごしたことから、いつしか出雲のお国とともに歌舞伎を発祥させたという伝説のヒーローになりおおせた。のみならず、自身ももうひとりの「戦国美少年」不破万作と並んで「不破名古屋物」と呼ばれるシリーズの主人公にもなっている。

お国の「かぶき踊り」では、舞台に登場する「かぶき者」のひとりは山三郎の亡霊に見立てられる。このことは芸能史上見すごせない事象であって、諸種の「踊り」の前身というか先行形態は宗教的行事だったことを物語るにほかならない。盂蘭盆会は年に一度、冥界の亡者が生者の世界を訪れる機会なのである。民俗芸能ではそこに顕幽両界が交会し、生者死者が交感する希少な空間が実現する。しかし、その記憶を残しつつ世俗化した歌舞伎芸能にあっては、死者生者もろともに伝説中の人物、虚構空間のうちに棲息する種属に変身して、舞台の上に随意に出没するのだ。

こうして日本の近世初頭における芸能の発展史を眺めてみると、それがさきに紹介した岡正雄の異人論、とりわけ「遊行歌舞団」の由来とぴったり符合することに驚かされる。

たとえば「異装」「演技」「伊達者」などのキイワード群はそっくりそのまま名古屋山三郎にあてはまるではないか。また「民間信仰においては、侮蔑されつつもまた高き階級に属す」とされる「遊行歌舞団」の社会的地位は、江戸時代の歌舞伎役者が、一方では「河原者」と賤視されつつ、他方民衆的な人気を博していたこととまったく軌を一にする。

生計のために色子・陰間稼業に身をやつしながら、若女方の随一の評判をほしいままにした初代瀬川菊之丞などは、まさしく漂泊芸能民の末裔、「遊行歌舞団」の系譜に連なるといえよう。役者にはオーラがある。そのオーラは役者の肉体から発するのではあるが、それ以上に役者の扮する「役」から発している。役者とは「役」になりきる者、扮した当の人物に取り憑かれる者の謂いなのだ。

しかし草創期の歌舞伎と元禄歌舞伎、ましてやそれ以後の時期の歌舞伎とのあいだには大きな違いがある。もはや死者・亡魂・異人・来世・彼岸等々が主眼ではなく、どこまでも此岸的な、現世を生きている人間が主力であった。じつは、その変化の跡を克明にたどれるのが、『京鹿子娘道成寺』にいたるまでの「道成寺物」の変遷の軌跡にほかならない。

初代菊之丞は、前述した『無間鐘新道成寺』の次に、元文五年（一七四〇）十二月、大坂中村座で『傾城今様道成寺《けいせいいまようどうじょうじ》』を上演している。『歌舞伎年表』によれば、菊之丞の演ずる傾城和国《わこく》が、恋人が質に苦しむのを見かねて無間の鐘を撞き、金を作る。切《キリ》で「道成寺」の所作事とあり、ヒロインを傾城とし、それに「道成寺」の所作事をあしらう趣向だったらしい。舞台の世俗化は一段と進み、原曲の白拍子はありふれた遊女になる。傾城というと高級感があるが、ありようは劇中の和国は「端女郎《はし》」とされている。

遊女の世界でも世俗化・散文化が進んでいた。江戸時代初期の遊郭では、吉野や初代高尾のような伝説的な名妓は、堂上の子女とか関ヶ原の敗戦で没落した大名の姫君とかの後光がふり撒かれて箔がついていたが、時代が下ると出自もだんだん怪しげになった。衣裳風俗に関するかぎり、遊女と盛装した地女《じおんな》の区別がつかなくなったのである。

小袖に紋所・無地・縞類がはやるのは遊女の真似だ。昔は、ふつうの女は縫いが薄くて光る小袖を着たので、遊女が無地物や縞類を着たものだ。ふつうの女と風を替えるためである。（『葉隠』聞書第二）

だから、ふだんは平凡な町娘でもちょっと着飾れば遊女まがいの身なりになった。一昔前のように、女がたけたかく、奥ゆかしく見えるためになんらかの彼岸的なしかけが必要な時代ではなくなった。手持ちの現世性だけで充分まかなえるのだ。菊之丞の舞台姿が写し取ったのは、このように服装と化粧で自分を押し出そうとする若く、コナマイキな娘たちであった。あたかも佳《よ》し、菊之丞は寛保《かんぽう》元年（一七四一）に再度江戸へ下り、享保の贅沢取締りもだんだん緩んできた江戸風俗をバックに女形芸の仕上げをめざした。そしていよいよ寛保四年（一七四四）正月、「鐘供養古今大当り。瀬川家一変せし『道成寺』の始也」（『歌舞伎年表』）と激賞された、一世一代の名舞台『百千《ももち》鳥娘道成寺《どりむすめどうじょうじ》』を上演するのである。

この年、公称年齢によれば元禄六年（一六九三）生まれの菊之丞は、数えで五十二歳のはずである。当時の標準では老優といってよいだろう。だがその舞台姿は異様に若々しかった。

『中古戯場説』は「始終女の体崩れず」「所作・地芸いずれもあどけなく娘のようで、以前上手だった女形は年が闌《た》けると芸が塩辛く（かすれ気味に）なるものだが、そんな気配は少しもなく、濡れ事・娘役などはいつもやわやわとして、まるで生娘《きむすめ》のように見えた」と賛辞を送っているほどだ。

菊之丞がなぜ晩年になってから（寛延二年［一七四九］九月歿、享年五十七）、かくも女の「色気」を発散できたのかは謎であるが、おそらく中年になってもなお陰間稼業から離れられず、男でありながら女の性的魅力を供給する修業を重ねていた事情と無関係ではあり得まい。その技能が当時の現代娘の、気取ったり、甘えたり、拗ねたり、膨れたりするさまざまな姿態《しぐさ》と嬌態《しな》を舞台でみごとに再現したにちがいないのだ。

この舞台姿はどのように演じられたのであろうか。

寛保四年春初演の七世杵屋喜三郎作曲の長唄『百千鳥娘道成寺』の詞章は、現在、小学館刊『道成寺』に採録されている。それを見ると、以前の作に加えられた脚色と演出上の力点がよくわかる。

およそ「道成寺物」の基本的な構成は、能の原曲の「道行―舞―鐘入り―祈り―後ジテ」という段取りにあり、脚色はそれを踏まえながら、その外枠のなかにいかに新工夫を盛りこむかにあるといってよい。とりわけ、原構成の「鐘入り」前の「舞」の部分を踊りに替えて、いかに膨らませるかに勝負がかかっている。

そうした工夫の跡は『百千鳥娘道成寺』の詞章にも明らかだ。問題の箇所の語句も前作『傾城道成寺』では、ヒロインが舞を許されて例の〽花の外には松ばかり、で拍子を踏み、鐘に目を凝らすが、それに続く語句は〽暮初めて鐘や響くらん（傍点引用者）、とストレートに前句を承けている。ところが『百千鳥娘道成寺』では、〽花の外には松ばかり、の後いきなり〽暮れそめて　鞨鼓響くらん（傍点同）、という語句になっている。「鞨鼓《かっこ》」というのは唐楽に用いる両面太鼓のことで、桴《ばち》で打つ。実際に舞台でもヒロインの手で打つ仕草がある。

このように「鐘」が「鞨鼓」に変えられたことは、もちろん字句の変更だけにとどまらない。続く詞章で〽さつさどん〳〵とゝ〳〵つく〳〵でんづくどんづくどんからか、と受けられ、踊りの流れるような動作の一部になっている。盛んにくりかえされる鞨鼓の音のオノマトペさえも、踊りの振りを活気づけるのである。時間的には、原曲の「舞」が踊りにフリカエられたことでずいぶん長くなる。娘のくどき・鞨鼓のこなし・手踊り・石橋《しゃっきょう》（獅子の勇壮な狂い）などがそれぞれに趣向を凝らしたユニットとして連ねられる。

例の「鐘に恨みは数々ござる」というキイフレーズも、『百千鳥娘道成寺』には出てこない。この語句が初めてあらわれるのは『京鹿子娘道成寺』なのである。以前の先行作にはいっさいない。謡曲『道成寺』にはこんな詞章は見当たらないし、『鐘巻』にももちろんない。あたかも一生の間、「娘」になりきるために風采の上がらぬ並みの男の肉体に鞭打ってきた初代菊之丞は、『百千鳥娘道成寺』にいたって同時代の町娘たちのいろいろ思わせぶりなしぐさや素振りを写し取ることができた。しかし、「鐘」を「カネ」に読み替えるところまではできなかった風情である。

たしかにこの長唄には、「花の外には松ばかり」の荘重な謡ガカリを打ち消すように世俗的で派手やかな合いの手に乗って、〽つらいは鐘よの、〽鐘を恨むる罪深し、といった語句はちりばめられるのだが、それとてもう若い町娘の閨怨もどきの恋慕心ぐらいにしか表現されていない。逆にいえば、町娘のそんなちょっとませた心境を描き取る技芸に特別たけていたと想像できよう。

五

寛保四年（一七四四）に五十二歳に達した菊之丞は、その全肢体から以前と変わらぬ「娘」の色つやが匂い立っていた。日常生活はなるほど、年相応に肌の光沢は衰えを見せていたかもしれないが、舞台姿は若き日そのままだった。その秘密はジワを身に取り入れる独特の呼吸法にあった。自分が花道に出たとたんに大入りの客席から伝わってくる嬌声まじりの賛嘆の溜息を胸いっぱいに吸いこむのだ。

この年二月十五日から中村座の舞台にかかり、「古今の大当り」だった『百千鳥』は翌三月も続演された。江戸では毎年三月、大名・旗本屋敷に女中奉公していた町家の子女がいっせいに里帰りするシーズンが訪れる。芝居小屋は若い娘たちの客層を狙って「弥生《やよい》狂言」を興行する。『百千鳥』の舞台にもさぞや大きなジワの波動が到来したことであろう。

この年五十二歳の老優の晩年の年譜を見ていると奇妙な事実に気づく。役者評判記の番付で、寛保元年（一七四一）に「若女形」の部で「上々吉」にランクされて以来、一度だけ寛保二年（一七四二）、「若」が取れた「女形」（ランクは「半白極上々吉」）にされたのを例外として、死ぬまで「若女形」で通しているのだ。病気で舞台に立てなくなった寛延二年（一七四九）までそうであるのは名誉職的な称号であろう。

初代瀬川菊之丞の没後三年目に当たる宝暦二年（一七五二）八月、京都の嵐三右衛門座で『京鹿子娘道成寺』が初演された。「京鹿子」と京都の地域性を重んじて命名されたゆえんだ。演じた役者は、菊之丞亡き後、当時人気絶頂の若女形だった初代中村富十郎（俳名慶子《けいし》）である。

富十郎も色子から女形になった役者だが、享保四年（一七一九）生まれだから、菊之丞より二十六歳若い。ほぼ一世代の違いである。この違いは大きい。元禄バブルが民衆のあいだに目覚めさせた感覚と官能は、享保の緊縮期を経ても低減せず、かえって沈潜して個性的に趣味化した。贅沢は裏にまわって洗練された。それが若い娘たちの風儀にも嬌態にも顕著に現われた。

この『京鹿子娘道成寺』は、富十郎の江戸下りを前にした京都での暇乞い興行であり、宝暦三年（一七五三）正月にすぐ江戸で再演され、大入りで六月十日まで興行された。富十郎はこの年さっそく江戸の評判記に名前が出、「若女形」の部で「極上々吉」に位置を占めている。再演に際して『百千鳥』とはもちろん、初演の『京鹿子』と比べてもいくつかの改変があるとされる。

どこが変ったのだろうか。

〽花の外には松ばかり、の詞句に続く部分に後世「毬唄」「山づくし」と名づけるようになるいくつかの節章（＝踊りのユニット）が新たに挿入されたことである。これで若い娘の手振りがぐんと増した。

やや時代は下るが、三《み》升屋《ますや》二《に》三治《そうじ》（天明四年［一七八四］～安政三年［一八五六］）の歌舞伎芝居随筆『紙屑籠《かみくずかご》』にこんな記事がある。

長唄京鹿子娘道成寺は、中村富十郎慶子江戸にて始めて踊る。この唄の作者というのは杵屋弥三郎だ。「山づくし」の文句は二朱判吉兵衛（本名中村吉兵衛。道化方の役者）の作で、後から書き入れたものである。

また、中村座に伝わる『囃子日記』にはこう記されている。

昔は、『道成寺』に「毬唄」「山づくし」はなかった。富十郎が中村座に下るとき、故人になった杵屋作十郎（弥三郎）が作曲して長唄に加え入れ、お土産にもたせたものだ。この「毬唄」「山づくし」はもともと西国兵《さいこくひょうご》五郎《ろう》（道化方の役者）が座敷狂言（酒宴の座敷などで、座興にもよおす狂言）にした「山伏問答」といって、小鼓一挺で演じる拍子舞（拍子に合わせ、みずから唄いながら舞う小舞）のようなものであった。（『歌舞伎年表』巻三より）

これらの傍証から現行『京鹿子娘道成寺』の成立は、同時代の舞台芸術・芸能・音曲などの取り入れがなされたことがわかる。ことにそのため特別に作曲された初代杵屋作十郎の長唄は、義太夫のような「語り物」ではない「歌い物」として音楽的表現の幅を広げた。享保末期から宝暦年間にかけてはちょうど江戸長唄の発展期であった。伴奏にも中棹《ちゅうざお》という高めの音域の三味線を用いる。

昔から「三味線と蛸は血を狂わす」という諺がある。かつて若者がエレキギターに夢中になったように江戸時代の町娘たちも三味線の音色に魂を抜かれたのである。『京鹿子娘道成寺』に登場する白拍子花子とは、じつは三都のどこにもいる町娘なにがしなのだ。

舞台の所作も能楽風の様式を残した「中啓の舞」なのであるが、舞の途中から、〽鐘に怨みは数々ござる、の語句のあたりで、早くも烏帽子《えぼし》――白拍子の魂というべきだいじな冠り物――の紐を解く動作がさしはさまれ、最後に花道にかかったところで、中啓で烏帽子を勢いよく払い落とす。もちろん型は他にもいろいろある。

次の「手踊り」の場面では、花子は烏帽子を取り、色彩ゆたかな花櫛を挿して、明るい町娘の扮装《いでたち》にがらりと変わっている。三味線の曲調もいっぺんに盛り上がる。次の詞章がそのムードを伝えるだろう。

〽言わず語らぬわが心　乱れし髪の乱るるも　つれないはただ移り気な

どうでも男は悪性者《あくしようもの》（浮気者）
〽桜々と歌われて　言うて袂のわけ二つ　勤めさえただうか〱と

どうでも女子は悪性者

〽都育ちは蓮葉《はすは》なものじゃえ

この「手踊」の段では、呼び名のごとく手ぶりが中心になった踊りであるが、指先をひるがえしたり、手のひらを返したり、袂で色めかしい動作をしたりと次々に繰り出される娘らしい動作の連続は、観客からしばしこの曲が古い時代から語り伝えられてきた女人愛執の物語であることを忘れさせるほどだ。

若い町娘がしなを作り、思わせぶりな表情をし、嬌態を示し、色っぽく謎をかける。こうした意識的・無意識的な仕草は、よしんば色里の遊女ほど職業的・技巧的に洗練されていないにもせよ、世俗社会の婦女子のあいだに広まっていた風儀であった。

『娘道成寺』の舞台は、ただたんに安珍清姫の物語を同時代の下世話な世界に拡張しただけではない。女人愛執のドラマが江戸時代の現在にも妥当する永遠に新しい主題であることを今さららしく再確認したというわけでもない。その初演は「鐘に恨みは数々ござる」という例のキイフレーズをこれまでにはなかった文脈で読み替えさせたのである。

なるほどこの詞章では「鐘」は撞《つ》き鐘のことであって、まだ「金銭」のカネの語呂合わせにはされていない。しかし、舞台で手踊りをする町娘の一挙手一投足にいたるまで、ひとつとして世俗界を背後から動かしているのは、もはや神仏の力ではなく、金銭の力だと仄めかしていないものはない。

つまり、鐘とはカネのことだと暗に匂わせているのである。「鐘」は「金《かね》」だ。なるほどそう言われればそのとおりだと、なんとなく納得できるような気がするが、ほんとうをいえば、この実感は長年にわたる情操教育――情緒的共感の培養なしには生まれえない。江戸時代にはいちばんの早道は芝居だった。よく芝居の舞台に上って人に知られていたのが、道成寺の鐘と小夜の中山に伝わる無間の鐘だ。

わが国の長い文学伝統、というより、もっと卑近な文化伝承のなかには、一対の鐘の話が脈々と生きている。紀州道成寺と遠州小夜の中山である。この「カネに恨みは数々ござる」一篇では、道成寺の古伝承がいかなる論理にしたがって近世社会のドラマに行き着くかをたどってみた。もうひとつの「無間の鐘」の物語は別席でゆっくり語るとしよう。

梅ヶ枝の手水鉢

一

年配の読者だったらたぶん、〽梅《うめ》が枝《え》の手水鉢《ちょうずばち》、叩いてお金が出るならば……という俗謡を聞いたことはおありだろう。読者の父親か、もしかしたら祖父が酒機嫌で唄って聞かせたのが耳に残っているかもしれない。カンカンノウの節まわしに合わせて唄われる俗曲で、明治の初めに、新聞記者で戯作者だった仮名書魯文《かながきろぶん》が流行《はや》らせたという。歌詞はさらに「もしもお金が出たならば、その時ゃ身請《みうけ》をソレたのむ」と続く。

かなりヤケノヤンパチ的なムードの唄である。替え歌も歌われ、その歌詞は「このごろの、米相場、当たって儲けになるならば、もしも儲けになるならば、その時ゃ芸者衆を、そうれたのむ」というものだったそうだ。相場が当たってもはずれても、しょせんは定めなきアブクゼニの浮き沈み。遊客も芸者衆も意のままになってくれぬ「お金」に翻弄される存在でしかない、という諦観に似た自嘲の思いが立ちこめている。

この明治の俗謡には元歌がある。

出典は元文四年（一七三九）初演の浄瑠璃『ひらかな盛衰記』四段目「神崎揚屋《かんざきあげや》」。全編のあらすじは、木曾義仲《きそよしなか》の滅亡から一ノ谷合戦までの木曾一族の運命および梶原源太景季《かじわらげんたかげすえ》の活躍を描くプロットになっているが、この段の主役は傾城梅が枝（じつは景季の妻千鳥）である。夫景季を助けるために神崎の苦界に身を沈めているが、夫が一ノ谷合戦に出陣する費用に窮しているのに心を痛め、どうにかして三百両を工面《くめん》しようと思い悩む。

期限は今夜のうちだ。梅が枝は「神も仏もないか」と絶望しかける。そのときふと思い当たったのが「無間《むげん》の鐘」の言い伝えであった。切羽詰まった梅が枝は、庭先の手水鉢に目を凝らし、これを鐘に見立てて必死に、一心不乱で打ち叩こうとする。

> 詞伝へ聞く無間の鐘を撞《つ》けば。有徳《うとく》自在心の儘。江戸是より小夜の中山へ遥の道は隔《へだ》たれど。思詰めたる我が念力。此手水鉢を鐘となぞらへ。ノリ詞石にもせよ。金にもせよ志す所は無間の鐘。此世は蛭《ひる》に責められ未来永々《みらいえいえいむ》無間堕獄《げんだごく》の業《ごう》を受くとも。だんない〳〵大事《だいじ》ない。海川に廃《すた》れる金。一つ所へ寄せ給へ無間の鐘と観念す。

日本名著全集『浄瑠璃名作集・上』表紙より

女の一念が天に通じたのか——じつは情ある人の計らいで——その場には「ここに三両、かしこに五両」といった塩梅に、バラバラと小判の雨が降る。

名高い場面だ。が、じつをいえばこの趣向に先立って、享保十三年（一七二八）に京都市山座で上演された歌舞伎『けいせい満蔵鑑《まくらかがみ》』に初代瀬川菊之丞が傾城金山に扮して評判を取った「無間の鐘」の芝居がある。浄瑠璃のほうがその仕草を取り入れたらしい。さらに三年後の享保十六年（一七三一）正月には菊之丞が江戸に下って、中村座の『傾城福引名護屋』に出演する。この狂言にも例の趣向が生かされて大評判になった。

このように手水鉢を無間の鐘に見立てる着想はこれ以来歌舞伎の定番になる。「無間の鐘」の伝説そのものは古くから民間に流布していた題材が何度も歌舞伎や浄瑠璃のなかにアレンジされていた。たとえば八文字屋自笑《はちもんじやじしょう》の『役者全書』は、元禄二年（一六八九）、大坂の荒木与次兵衛座で『けいせいさよの中山』という狂言が演じられ、谷島主水という若女形が「けいせいうらは」に扮して無間の鐘を撞く所作事を見せた。それが最初だったといい、『歌舞伎年表』はこれを受けて「無間の所作の始」と記している。

つまり遅くとも元禄二年には、文字を知らぬ民衆のあいだで無間の鐘にまつわる俗信が広まっていたことは確かである。それ以前、室町小説や浮世草子その他の先行文芸作品にもその痕跡はいくつも残されているはずである。

この「無間の鐘」とはなんであろうか。

いつのころからか、遠江国（現・静岡県西部）掛川《かけがわ》近くの土地、佐夜《さよ》（小夜とも書き、また「さよ」とも「さや」ともいう）の中山には不思議な言い伝えがあった。粟《あわが》ヶ嶽《たけ》という山の頂上の観音寺の鐘を撞くと、この世で大金持ちになるが、死後は無間地獄に落ちるというのである。

この伝説はいったいいつごろから始まったのだろうか。文芸作品に古くから見えるこの地名は、必ずしも右の噂に付きまとわれてはいない。つまり、当初は金銭の話とは無関係だった。くわしくはあとで述べるが、「小夜の中山」はまず歌語、それも歌枕であった。その土地に伝わる「無間の鐘」という言葉が、いつのまにやら、しがない庶民の金銭欲を象徴するキイワードに変わったのである。この鐘を叩けば巨万の富が得られるという俗信が世に広まったのだ。

この伝説がいつごろから始まったのかは不明だが、何百年間も言い伝えられ、語り伝えられているうちに、話はいつしか変形する。「鐘」を「金銭《カネ》」に読み替えることは、一方では語呂合わせによる言語遊戯に洒落て見せるとともに、他方また、クソマジメなほど金銭欲を剝き出しにした俗信の極に向かう。そしてこういう言葉の連合ができあがったときこそ、人びとが自分たちの運命を目に見えないところから操っているのは、彼岸的な神仏の力ではなく、此岸的な金銭の力であると身体で感じはじめた瞬間にほかならない。すなわち、人びとの生活を容赦なく取りこんでゆく貨幣経済の影があまねく認知されたのだ。

二

江戸時代は元禄年間のこと、下総国《しもうさのくに》（現・千葉県）東葛飾《かつしか》郡小金《こがね》に居住する土地の郷士に日暮《ひぐらし》玄蕃《げんば》という人物がいた。

小金は戦国時代に小金城があった軍略上の要衝地であり、江戸時代には水戸街道の宿場であった。日暮家は戦国期、小金城の城主高城《たかぎ》氏に重臣として仕えた。同家の当主は代々「又左《またざ》衛門《えもん》」を称し、戦時は侍大将、平時は郡令として功績があったが、玄蕃のとき、六代高城胤則《たねのり》の代になって主家は小田原北条氏の滅亡にともなって没落。高城家は徳川幕府の旗本に、玄蕃は浪々の身になったという。

いま話題にしている玄蕃はそれより何代か後の子孫であろう。名前が同じなのでややこしいが、「玄蕃」という通称は「又左衛門」同様、代々の世襲名だったらしい。とまれこの玄蕃は水戸徳川家に取り入り、ついに小金の本陣（藩主の宿泊所）の留守居として苗字帯刀を許され、士分の待遇を受けた。それというのも、在地化してずっと野に下っていた日暮家に、こんな降って湧いたようなチャンスが訪れたからである。

あるとき、黄門光圀卿《こうもんみつくに》が小金の御狩場に遊びに来られた折に、一頭の大猪が出現し、牙を嚙み鳴らして黄門めがけ飛び懸かった。玄蕃はここぞと躍り上がり、みごとに大猪を仕留めたので、その後水戸家の覚えが非常によくなり、光圀卿から感状をもらって出世し、隠居してからは名を東雲《とううん》と称した。（「小金御殿」『千葉県東葛飾郡誌』）

それからしばらくして玄蕃の次のような行動が逸話になった。

玄蕃は佐夜の中山の無間の鐘を撞いて長者になろうと、わざわざ東海道を旅して無間山に登った。寺へ行ってその由を頼み入ったが、和尚は「ひとりの長者を作るために、多くの人に難儀を懸ける鐘などを撞かせるわけにはゆきません」と、ぴしゃりと断わった。

玄蕃はがっかりした。いかにも無念という思い入れで、「こんなにまでお願いしてもダメですか。お許しにならないのが恨めしい」というや否や、もってきた握り飯を釣鐘めがけて投げつける。鐘は「ゴーン」と鳴った。

「ああサッパリした。せめてもの腹いせをしてやった」と玄蕃は山を降り、生国の小金の郷に帰った。その後は運勢がめでたく好転して、とうとう名高い長者になったそうだ。しかし、この話はどうやら、日暮玄蕃が高城氏の兵糧奉行時代に役目を利用してその財宝を私したのを隠すための作り話ではなかったろうか。(同前書)

話半分に聞いても、日暮玄蕃という男がかなりのやり手だったことがわかるが、ともかく地誌にこの逸話が記されているおかげで、われわれは「無間の鐘」伝説を日付のない、民俗的「過去」――できごとが起きた時期はただ「昔」としか語られない――から引き出して、歴史年代のなかに置くことができる。

玄蕃が猪を仕留めた武勇伝そのものには日時こそないが、「光圀卿の御前で」とあるのでおよその見当がつく。光圀の藩主時代は寛文元年(一六六一)から元禄三年(一六九〇)の二十九年間にわたり、わずかに元禄年間にかかっている。藩主を引退して「水戸のご隠居」としてすごした歳月も元禄三年から同十三年（一七〇〇）までの長期にわたっている。藩主隠退とともに権中納言《ごんのちゅうなごん》に任じられ、その唐名で「黄門」と呼ばれた光圀は、世に名君の誉れ高いが、その実、金をよく使う大名であり、過重な年貢を取り立てて農村を荒廃させたといわれる。とくに、理想主義的な『大日本史』編纂事業はたいへん経費がかかり、その結果、健全な農政を維持しようとした家臣たちを遠ざけ、「光圀はその治政をみる限り、暗君といったほうがよいと思われる存在でしかない」（吉田《よしだ》俊純《としずみ》『水戸光圀の時代』）と酷評されるくらいだ。

水戸黄門のイメージも、金銭のことがからむとたんに生臭くなる。「無間の鐘」の話題の流れの末に、徳川光圀の名前が出てくるのもなにかの因縁だろう。水戸藩は、同じ御三家のなかでも尾張徳川家・紀伊徳川家に比べると経済活動は地味な印象を受けるが、それが必ずしも同藩が貨幣経済の現実と無関係だったことを意味しない。

光圀の隠居時代に起きた藤井《ふじい》紋太夫《もんだゆう》（徳昭《のりあき》）誅殺《ちゅうさつ》事件の真相はいまだに謎に包まれているが、光圀と紋太夫のあいだには『大日本史』編纂事業の経費削減をめぐる意見の不一致があったといわれるし、次代藩主綱條《つなえだ》のときには有能な経済官僚松波勘十郎《まつなみかんじゅうろう》（良利《よしとし》）を登用したものの、農民の抵抗に遭って解任したりという不徹底な財政政策をおこなっている。光圀の高名な文化的功績の蔭には血の滲むような金策の苦労があったのだ。水戸藩も滔々たる貨幣経済の流れに呑みこまれるほかはなかったのである。

社会的地位の如何を問わず、誰もが貨幣の氾濫に押し流された。上は将軍・大名から下々の庶民にいたるまで、農村と都会のどこでも、人間はその制覇力に逆らえなかった。みんなひとしく現金を必要とした。

この歌舞伎狂言『けいせい満蔵鑑』には小夜の中山という地名が顔を出す。「小夜の中山」あるいは「佐夜の中山」の語はつとに平安時代から見出される。有名な歌枕であるが、なかでもいちばんよく知られているのは西行《さいぎょう》法師の、

〽年たけてまた越ゆべしと思ひきや
命なりけり小夜の中山（『新古今和歌集』）

という絶唱だろう。

小夜の中山は東海道の名所というより難所で、旅人がいつも苦労した場所である。西行は何度かここを通ったことがあるのだろう。年老いてからこの山を越え、命があればこそふたたび越すことができたのだなあとしみじみ述懐しているのである。実地を踏んでいるのは西行ぐらいのもので、大部分の歌人にとっては行ったこともない、ただ耳で聞いた言葉で知っているだけの歌枕であった。

中世になり、鎌倉・室町時代に入ると、東海道の往還が盛んになって東下りの旅人も増え、小夜の中山もたんなる歌枕でなく、実際に歩く道筋として歌に詠まれる場所になり、武人や連歌師が歌文を書き残しているが、あらかた叙景的なものである。富士山が見える地点としてよ

く引用されるが、くだんの奇怪な話はまだ姿を見せていない。

さらに下って江戸時代の初期。仏教唱道家の浅井了意《あさいりょうい》が著した仮名草子『東海道名所記』(万治二年［一六五九］刊?)がある。東海道の風物を紹介する紀行文の体裁をそなえた滑稽文学。その「金谷《かなや》より西坂へ一里廿四町」の段に『新古今』の歌枕として「小夜の中山」の地名を記し、それにまつわる暗い言い伝えを書き残している。山上には、むかし母親を賊に殺された不幸な子どもが出家して住職をしている寺がある。寺名は書いてないが、了意は「其寺に、無間の鐘あり。二月の初の午の日、開帳ありという」と書き添えるが、なぜだか鐘にまつわる物語は影だに落ちていない。

ところで柳田民俗学はこの不運な母親の物語を、「助けたのがこの山に住む法師、仇を打った場所はこの国の池田、殺された女は日阪《にっさか》(西坂とも書く)の者、その子は後に無間山観音寺の僧となる」(「赤子塚の話」、『神を助けた話』所収)と要約し、本伝承の底層土に培われている「夜泣石《よなきいし》」説話の原形を炙《あぶ》り出そうとしている。

「夜泣石」説話とは、日本全国に行きわたっている民間伝承だ。夜になると石が泣き出すという話だが、それをぴたりと泣きやませる方法にも、それぞれの背景になっているできごとにも、いろいろ多様な因縁話があり、それなりの縁起譚ができている。「夜泣石」は伝承に「夜泣松」その他に変わるし、背景になっている土地の秘密もいろいろだ。

麓の西坂《にっさか》の女はなぜ殺されたのだろうか。金品を奪われたにちがいない。いまでは誰も公然とは口に出さないことが不文律になっているような暗い記憶がどこかで点滅している、この落丁だらけの物語はわれわれに日本各地に類話のある「六部《ろくぶ》殺し」の伝承を思い出させずにはいない。「六部」とは、六十六部の略で全国六十六ヵ所の霊地をめぐって歩く巡礼のこと。基本的な話型は次のようなものだ。

ある村に六部が来て一夜の宿を請う。村人は親切に六部を迎えてもてなすが、六部の荷物のなかに大金の路銀が入っているのを目撃して悪心を起こし、六部を殺して金を奪い、死骸を塚に葬る。殺されるのが六部ではなく、たんなる旅人とされているなどさまざまな変種もあるが、話はおおむね同じである。

怪談劇として名高い河竹黙阿弥《かわたけもくあみ》の歌舞伎狂言『蔦紅葉宇津谷峠《つたもみじうつのやとうげ》』（安政三年［一八五六］初演）、通称「文弥《ぶんや》殺し」はこの話型のひとつのヴァリアントと見なしてよいだろう。盲目の按《あん》摩《ま》文弥は座頭《ざとう》の官位を得るために百両の大金を身に帯びて東海道を旅し、宇津谷峠の難所にさしかかる。同行していた十兵衛という町人が文弥を殺して金を奪い、それを元手に商売を始めて成功するが、文弥の幽霊に悩まされて没落するというのが筋だ。殺された西坂の女と相通じるものがある。宇津谷峠は『東海道細見図』では小夜の中山より五里（約二〇キロメートル）西と少し離れているが、いったん土地に刻みこまれた記憶はなかなか消えない。語ってはならないタブーがいつまでもつきまとうのだ。

こうした伝説や伝承が不定形な「昔」の時間から露出し、できごとの年代も明記されるようになると、代わりに露骨に生活臭を湛えたリアルな記録が目に付いてくる。それともうひとつ、奇妙に一致してくる事実がある。「観音寺」という寺号である。

たとえば元禄四年（一六九一）に刊行された地誌に『日本鹿子《にほんがのこ》』というのがあり、同書の「遠江」の条にはこう記されている。

小夜の中山　当国の名所である。松が立ちこんだ広い山だ。山の広さは五十町（五ヘクタール弱）。この山から右の方、行程一里（約四キロメートル）ほどのところに高い山が見える。観音寺という曹洞宗の小寺である。昔この寺に、無間の鐘という撞き鐘があったが、どういう人が言い出した事だろうか、無間の鐘と名づけた。

これで寺名がわかる。これも「観音寺」というのである。先に、『東海道名所記』がこの寺が開帳日を「二月の初の午の日」と記しているという日にちの一致に注目したが、これはたんなる偶然ではあるまい。観世音は「稲荷明神の本地」として信仰を集めていた。だから初午なのだ。初午は稲荷社の祭の日だったことを思い起こそう。

遠州の人、西村白烏《にしむらはくう》の随筆『煙霞綺談《えんかきだん》』（安永二年［一七七三］刊）もまた次のように記している。

遠江国佐野《さや》郡無間山を粟が嶽という。毎年二月初午の日、近里の老若男女がこの山に登る。この山の寺は当国の巡礼三十三所のうち第二十三番に当たり、寺号を観音寺という。この堂から一町（約一〇九メートル）あまり登ると社がある。延喜《えんぎ》式《しき》の神名《じんみょう》帳《ちょう》に粟田の神

社として載っているのはこれである、と古老の物語は伝えている。（巻之一）

遠州三十三観音霊場は今も実在する（復活させたものらしい）が、二十三番目は現在では寺名が替わっている。問題の「観音寺」はとうに廃滅したのだろう。またたしかに『延喜式』の『神名帳』には「遠江六十二座」のうち「佐野郡四座」を掲げていて、そのなかに「阿波々《アハヽノ》神社」の名が見えている。

文中の「阿波々神社」は現行地図にも記載されていて、粟ケ嶽の山頂に実在し、その境内には「無間の井戸」跡が残っている。その底が無間地獄に通じており、鐘を撞いた者がこの世の福徳と引き換えに死後は地獄で永劫蛭の責め苦に遭うという伝説のある曰く付きの場所だ。

右の文章からも、寺名は「観音寺」、祭の日は「二月初午」だったことが裏づけられよう。寺も社も古い時代のものとは違っているだろうが、伝承は口碑として脱時代的に――いわば民俗学的時間で――語り伝えられるから、文献にはいつも物語の原質部が保存される。たとえば、寛保三年（一七四三）刊の菊岡沾涼《きくおかせんりよう》『諸国里人談《しよこくりじんだん》』にはこう書かれている。

この寺の鐘を撞く人は、必ず福徳を得て富貴になるが、来世は無間地獄に堕ちると言い伝える。いまは土のなかに埋めてあるから、撞くことはできない。しかし、貪欲な人間はせめてのことに、鐘を埋めた場所の地面を足で踏み鳴らすということである。

江戸時代の多くの人びとは、現在、佐夜の中山がどうなっているかは知らなかったろう。しかし、無間の鐘のことは常識といってよいくらい世間に流布していた。とくに蛭に血を吸われる話は有名だった。

井原西鶴は町人物第一作の『日本永代蔵《にっぽんえいたいぐら》』（貞享五年［一六八八］刊）にこの話を取り入れて使っている。商売が左前になった呉服屋の忠助は、いろいろ金策を講じるが埒が明かず、とうとう禁じ手に出ることを思い立つ。無間の鐘を撞いて金を願おうというのだ。

佐夜の中山に立っておられる岑《みね》の観音に参詣し、後世はどうであれ、現世のことを祈って、いつ埋められたとも知れぬ無間の鐘のありかを尋ねて、骨髄が露出するほど、「自分一代だけでも、今一度は長者にしてください。子どもの代には乞食になろうとかまいません。いまの自分をお助けください」と一心不乱になり、奈落までも通れと勢いよく撞きまくった。（三－五「紙子《かみこ》身躰《しんだい》の破れ時」）

こう必死に思い詰めた忠助の心意を、西鶴は次のような言葉で言いなおす。

この鐘を撞いて分限《ぶげん》になれるならば、いまの世は人間、来世は蛇になることもかまうものか。まして蛭の地獄など恐ろしくない。

無間の鐘の伝説はどうして「蛭」と結びつくのだろうか。仏説の「無間地獄」には全部で十六の小地獄があるが、蛭のいる地獄は存在しない。日本で独自に考えつかれた責め苦である。ヒルのイメージからはなにか陰性の・じめじめした・暗い・ゾッとする・嫌悪を催すといった一連の気味悪い連想が生まれる。もしかしたらこの粘湿な生体は、人間の深層にわだかまる一種の反復性恐怖を呼び覚まし、神経を不安にさせずにはいない一群の暗喩をなしているからなのではないか。人間が金銭、貨幣の魔力に蹂躙された最初のトラウマを想起させる触媒になっているからではないか。平たくいえば、借金の返済に苦しんだ人間が日々増大する負債利子の夢魔的繁殖力に驚倒したときに心の底に根づいた恐怖症の記憶が、潜在しているように思われるのだ。

三

観音寺という寺号と金融事業とのあいだには、なんらかの深い関係がある。

そのことをもっとも端的に物語るのは、前述したように西鶴『日本永代蔵』一－一「初午は乗て来る仕合《しあわせ》」に見える泉州《せんしゅう》（和泉国《いずみのくに》、現・大阪府）の水間寺《みずまでら》であろう。津村淙庵《つむらそうあん》の随筆『譚海《たんかい》』はこの寺の繁昌の由来をこう紹介している。

泉州の水馬屋（水間）観世音は大坂から六里（約二四キロメートル）の地にある。観世音は稲荷明神の本地仏でいらっしゃるといって、二月初午に参詣する人が数多い。この観音に福を借りるといって、観音の賽銭を借りて帰り、商売をすれば、必ず利徳を得るというので、観音に参詣して銭を借りる人が多い。

この銭は、たとえば二百文借りたら返す時倍にして四百文にして返すならわしだ。昔、大坂の人が観音の銭を二百文借りて商売の元手にしたが、おおいに儲かって八千貫文の利益を得たという話が残っている。（巻六）

西鶴はこの「観音の銭」の伝承を踏まえて、商才のある男が、貸しすぎだと不安がる寺僧から強引に一貫文を借り出し、十三年間に八千百九十二貫に殖やしたという当世致富談を描いた。主人公の男はこの資金を沿海漁業に投資して莫大な富を築いたのである。モデルになった泉州の漁業が盛んになったのは寛永のころ（一六二四〜四四）だから、元禄初年から数えて四十年ほど前である。まあ、西鶴にとっては現代小説と見なしてよいだろう。

二百文を借りたら二倍の四百文にして返済するというのはいまだなお宗教的慣行だが、それでも資金それ自体は倍増する。しかし『日本永代蔵』の主人公がおこなった利殖はそれとは桁が違う。本篇は「この銀《かね》の息《いき》よりは、幾千万歳楽《いくせんまんざいらく》と祝へり」という一文で結んでいる。「息」とは「利息」の「息」である。過分な利息収入を得て「めでたい〳〵」と喜悦の声を上げているという意味であるが、それ以上に、一ヵ所に寄り集まった銀がいっせいに呼吸している場面が眼に浮かぶ。

昔と今の二種類の「銭」のあいだには明らかな原理軸の転換がある。カネをめぐる人間模様がガラリと違っている。かつて貨幣は商品の対価であり、物々交換の独特な延長であり、いざという場合にたよりになるものだった。それがいつのまにか、ただ蓄えておくだけでなく回転させるもの、自己増殖を使命とする一種の生命体、累積されればされるほど夜な夜な金蔵のなかで欲求不満の呻き声を発するモノノケに転生したのである。

さまざまな名目で寺院に蓄えられた金銭を人びとに貸し付けたものを「祠堂銭《しどうせん》」というが、それが古来の目的――生計支援や婚礼・葬儀など臨時支出の補塡――を離れて、事業の資金に転化された。性格が変わったのである。貸出金には利子がつく。初めは低利率であったのが、しだいに高率化してゆく。慈善がいつしか利殖に変わる。

これがプレ元禄のほぼ四十年間に生じた大きな転換のあらましだ。だが目下のところわれわれは、この転換以後よりもむしろ以前のほうに興味がある。寺院が「観音の銭」のようなしかけで金融経済を牛耳っていた時代は、われわれがふつう常識的に想像していた年月よりもはるかに長期にわたっているのだ。

封建社会から近代資本主義社会への移行に際して前提となる資本の本源的蓄積が主としてどのような社会勢力の手でなされるかは、国によって、また時代によってかなりの多様性が認められるが、わが国の中世社会では社寺の果たした役割が大きかった。

このテーマについては、つとに大正十五年（一九二六）に平泉《ひらいずみ》 澄《きよし》のいまは古典的な著作『中世に於ける社寺と社会との関係』に豊富な考証がある。

この学者は皇国史観を鼓吹した歴史家ということで第二次大戦後の思想界では長らく、かつすこぶる不評判だったが、網野善彦《あみのよしひこ》などによる再評価の動きがある。「無縁」という言葉をキイワードとして非・世俗社会ゆえに可能になる特異な人間関係の成立を見る視点を導入しているとするのである。

古くから、寺院は金銭の蓄積に縁のある場所であった。寺院には裕福な檀那《だんな》や熱心な信者たちから不断に法事料・供養料・祠堂銭・奉加銭などさまざまなかたちで寄付・寄進が集まり、金銭がプールされることが多かった。戦乱期には人びとが財産の略奪や焼失から守るために寺院へ金銭・財宝・証書を保管委託することも盛んにおこなわれた。平泉澄の言葉を借りれば、寺院の「銀行」化がいちじるしかったのである。

とりわけ観音寺と結びつきが深いのはなぜか。

その始原を探れば、気が遠くなるほど歴史をさかのぼることになる。平安時代の基礎法典『延喜式』巻二十六「主税《しゆぜい》」上の「諸国本稲《ほんとう》」の項によれば、近畿地方およびその近傍だけでも、長谷寺《はせでら》・壺阪寺《つぼさかでら》・松尾寺《まつおでら》・巻尾寺《まきおでら》（施福寺《せふくじ》）観音堂・越前神宮寺《えちぜんじんぐうじ》観音堂・粉河寺《こかわでら》等の定額寺《じようがくじ》——朝廷が数を限定し、官寺に次ぐ格式に制定した寺——が、数百束から数千束の出挙稲《すいことう》の特権を与えられている。

出挙というのは、稲や銭の利息付き貸付（つまり国家公認による高利貸付）であるが、律令制の乱れとともに公出挙《くすいこ》（国家による貸付）と私出挙《しすいこ》（私稲貸付）とが公私混同されており、この時代には、私出挙は貴族、豪族、有力寺院の重要な収入源になっていた。こうした特権を得た寺には、当時効験を期待された観音を本尊とする寺院が際立って多かったという（速水《はやみ》侑《たすく》編『観音信仰』）。

こうして蓄積された貨幣はしだいに貸付の原資金になってゆく。しかもそれは「仏物《ぶつもつ》」――仏の所有物――として権力から保護される一方、『今昔物語』巻十四の諸篇に見られるように破戒坊主たちの手で思うさま私物化されたりもしている。なかには勝手な高利貸付に手を染める不心得な僧侶もいたことだろう。

江戸時代は金融活動も基本的に宗教性から切り離され、もはや神仏の加護や慈恵を念頭に置かぬ世俗性において実践されはじめた時期であったといえよう。とくに元禄年間は、そうした時代の新しい粧いがほぼ出揃った時期であった。

貨幣には不思議な自己増殖力がある！　たんなる金銀とは区別される貨幣のこうした着目すべき性質が見なおされ、利用されるようになったとき、貨幣経済は後戻り不能の時代に踏み入ったといってさしつかえない。カネは、ある特定の方法でこれを扱うならば、放っておいても増殖するものなのである。

もちろん「放っておいても」といっても自然放置ではない。「利子」という子どもを産むための生殖行為として貨幣を貸し出さなくてはならない。カネを融通する。生活に窮している者、当座のモトデを必要としている者に出資する。なかには善意や同情に発する場合もあるだろうが、主たる動機は利得を得るためである。貨幣は純然たる利殖の手段に転化する。文字どおり、「利子生み資本」に生まれ変わるのである。

貨幣の増殖は、貨幣それ自体に備わる天性がしからしめるのであって、神仏の力に百パーセント依存するものではない。なるほど天祐《てんゆう》とか冥助《みようじよ》とかいわれる不可測な要因がはたらくこともあるだろう。が、それは、よしんば偶然とのみはいえないにもせよ、副次的以上のものではない。金儲けは人力だけで充分できるのだ。

だがそう確信できるのは、西鶴なら「才覚者」と呼ぶであろう一部の経済的先駆者にかぎられていた。そうした連中のあいだでは、神仏のご威光は利用するものであり、ただすがるものではなくなった。必要とあれば、神頼み・仏頼みはいつでもOKだった。大部分の民衆の世界では、人間の貧富の運命を左右する神仏どころか、金銭そのものが超自然的な存在であると信じられていたのである。

話はいったん、「カネ」とはなんだろうかという根本的な問いかけに戻ってみなければならない。

第一にまず、梅ヶ枝の話の始まりにある「鐘」。手水鉢はそもそも鐘に見立てたものなのだ。鐘は叩いて音を出すための器具である。鐘《しよう》のようにとくに楽器用のもの以外は、ただ鳴らして人の注意を集めるための音具であり、目的に応じていくつかの種類がある。寺院の梵鐘《ぼんしよう》、時刻を知らせる時鐘、急を告げる警鐘のたぐいだ。いずれにしても金属製でなくてはならない。

そこから「カネ」のもうひとつの語義が連想される。「カネ」とは第二に「金《かね》」。金属の総称なのである。古代社会ではいろいろな音器が使われたが、金属製の鐘ほど、

①音が長く持続され
②遠くまでよく響く

ものはなかった。その点では、笛や琴や太鼓などはとても勝負にならない。

そしていよいよ、「カネ」の第三番目の語義が登場する。「金《カネ》」「金銭」つまり「貨幣」である。財産とは初め種々の財物——土地・家屋・稲束・布帛《ふはく》・貴金属・宝玉など——の集積であったが、やがて財貨の形態を取るようになった。財物プラス貨幣である。貨幣は、当初のうちたんなる富の保有形態にすぎなかったが、商品経済の発展とともに、数多い商品の交換手段・流通手段・蓄積手段として成長し、独自の存在意義を獲得するにいたった。

だから「カネに恨みは数々ござる」というフレーズはけっしてただのオヤジギャグ的な語呂合わせに留まるものではない。多少大げさにいうなら、これは「カネ」の語源学的な深層にまで下り立って、鐘に祈りを籠めた、あるいは鋳込んだ女の情念に迫ろうとするのだ。

カネ——この二音節の音声連鎖にはいくつもの語義が複合している。現在では単独・個別的に用いられる語意がそれらにもともと共通していた原義を含んでいるのである。

だから「カネ」という言葉の語源的深層から掘り起こされる語根の響きには、古人の遠い潜在的な記憶が思いもかけず呼び起こされることがある。「かなし」という形容詞と「かね」(金属)とのあいだには深いつながりがあるとする民俗学者柳田國男の所説には、驚きとともに目を開かされる思いがしないだろうか。

カネは多分カナシという語と語原が一つで、英語の dear などと同じ意味を有《も》って居たのかと思う。技術上の門外漢たちが目を円くして、最初の金属の出現を見物した光景は、この一語からでもこれを想像することが出来る。（『雪国の春』）

図式的にいうなら「悲しい」は「金師《かなし》・い」だったとされるのである。「悲しい」という語は、ただ悲哀の思いをあらわす意味にだけは限定されていない。その用法に先立って、そうした情感を生じさせる心の状態を指示する意味成分の層がある。『岩波古語辞典』は、これを「自分の力ではとても及ばないと感じる切なさ」といっている。

それが金属のカネとどうつながるのか？

柳田が語るのは、奥州津軽、信州木曾の山里の口碑に残る「金師」と呼ばれた「鋳物師《いもじ》」（金属精錬業者）たちの物語だ。この人びとは五〜七人の小さな群をなして山野を廻って原料を求め、仮屋を建て、見馴れぬ工芸を実演した。まるで手品のように作り出して見せた「最初の金属」から昔の人は「新文化」を連想したのだと柳田はいう。

一方、地理的には正反対の方向にある南日本にも類似の現象が見られる。『日琉語族論《にちりゅうごぞくろん》』で、日本語・沖縄語に共通する祖型を研究した折口信夫もこういっている。琉球では昔から童名《ワラビナー》を大切にするが、王族の童名に「金《かね》」を敬称語尾とすることが多い。

折口はいう。

かなしは古い形容詞であり、かな（かね）はその語根だったのである。琉球王族等の童名の「金」は先祖金丸王の金と関係しているのだ。が、固《もと》よりかなしと近接した関係から、敬称と童名とに残った訣だ。（第二部「日本語としての沖縄語」）

古語の「かなし」は、「愛《かな》し」という東歌《あずまうた》の語法にも見られるように、愛情や感動で胸がいっぱいだという意味にも用いられる。それと同じ用法が沖縄語にもあったというのだ。

ふたりの民俗学者が期せずして探索をクロスさせる結果になっていることの言語事実は、縄文時代から弥生時代の過渡期にさかのぼる上古の原日本語の古層には、「カネ」という二音節の聴覚心象がわれらの祖先の心に新鮮な感動を呼び覚ました物なつかしい原記憶が埋在していることを暗示している。

「鐘」にたいする恨みも古代からの、いや先史時代からの、もっと深くて複合的な意味を満載していたのである。長い長い時間にわたって人びとが鐘にたいしてずっと払ってきた愛着と畏敬の念は、かつて生活を豊かにしてくれた金属に驚嘆した体験や生活に利便をもたらした貨幣への驚異の思いから引き離して、純粋に宗教的な心情と言いきるのはむずかしい。

「無間の鐘」伝説に隣接あるいは類似する説話群は、日本各地に散在するが、そのうちで遠江国佐野郡の無間山だけが他を圧して有名になったのには、江戸時代の浄瑠璃・歌舞伎による流行が決定的だった。

しかし、それとは別に口頭伝承の系譜もあったはずである。たとえば「明応（一四九二〜一五〇一）のころ、無間の鐘は、人びとに害を与えるといって古井戸の底に投げこまれた」（『東海道名所図会』）とか、慶長（一五九六〜一六一五）の初め、摂州（現・大阪府北西部および兵庫県南東部）の商人が参詣して鐘を撞こうとし、住持に戒められた話がある（「遠州無間寺鐘突因果」『本朝故事因縁集』）といったぐいである。初めに紹介した日暮玄蕃の話と時代はだいぶ近い。

同じ無間の鐘の伝承でも、時代が下るにつれて、これを極力「合理」的に解釈しようとする発想が目立ってくることは以下の諸例にうかがわれよう。先に見た『煙霞綺談』も前引の箇所より後でこう書いている。

> 寺では、衆生が鐘欲しさに地獄の縁を求めるのもこんな鐘があるからだというので、井戸のなかに埋めてしまったそうである。最近では、その井戸の跡と称する場所に小石を集めて井の字形に並べてある。だいたいこの寺の境内はいたって狭く、井戸を掘れるとは思えない。たぶん虚説だろう。
>
> そこから二町（約二一八メートル）ばかり下方に「地獄穴」というのがある。
>
> 大きな岩石が積み重ねてあるところに、穴とおぼしいものが空いていて、覗くと冷たい風が顔に当たって気味が悪い。こんな場所から水が湧き出るわけはなく、井戸の話ははっきり虚説と知れる。

この辺は、夏とか暖気の残る秋とかの時節には、山蛭がたいへん多い。蛭の地獄の話もここから作られたのだろう。寒い季節にはどう辻褄を合わせるのかと考えるとおかしい。この山にかぎらず、猿の住む山には山蛭が多い。猿の糞から生ずるのだそうである。

こんな調子で、『煙霞綺談』の著者は「無間の鐘」の説話から、伝説の衣《ころも》をにべもなく剝ぎ取ってゆく。おまけにご丁寧にも、「無間の鐘」という言葉の起源まで「合理」的に分析して見せる。

考えてみれば、慶長以前の百姓・町人たちは金銀を見ることも稀だった。また寺院も、田舎では鐘を鋳て鐘楼を立てることもなかったから、この寺に鐘ができて、鐘の音が高い山ゆえ三里も五里も鳴り響くのを聞いて子どもが怪しんだ。

「あの音はなに?」

「あれは、誰も今まで見たことのない鐘というものです」

それで子どもは宛《あ》て字まじりに「無見の鐘」と覚えたのではあるまいか。

また、金《こがね》・銀《しろがね》・銅《あかがね》・鉄《くろがね》・鉦《たたきがね》鐘も、みな「かね」と訓じるから、この音を聞くたびごとに、「かね」というのはこういうふうに響くものだと思い、銭も同じ「かね」ならばあの響きできっと金銭が湧き出るだろうと思って、いつかは富貴になるだろうと子どもたちが言いならわしたことだったにちがいない。

このなにやらコジツケめいた考証が前述した「鐘」と「金属」との語源的な親近という言語事実に近づいているのは興味深いが、こうした身も蓋もない現実還元的な考証がされるにつれて、できごとも民俗的な無時間性から抜け出して歴史時代性を獲得し、年代も明記されるようになってゆく。伝説が生活臭を湛えたリアルな記録になるのである。

四

「無間の鐘」伝説の基層には「カネ」という聴覚心象が呼び覚ます連想が広がっている。鐘を撞けばカネが手に入るという願望充足の集団幻想もこの基層に根を下ろしている。この根っこがあるからこそ、手水鉢を鐘になぞらえるという趣向が成り立ち、またおおいにヒットしもしたのである。

享保十六年（一七三一）正月の初演以来、この趣向は「型」として固定し、何回も模倣反復されたのみならず、別の狂言の異なる筋立てのなかに取りこまれ、なかば独立した一場面として上演されることも多かった。

たとえば直後同年三月、大坂の佐渡島座では嵐三五郎が『無《む》間《げん》椀《わん》久《きゅう》狐《きつね》附《つき》』にさっそく取り入れた。「椀久」とは、莫大な財産を遊女狂いで蕩尽して没落した大坂の伝説的な豪商、椀屋久兵衛の物語である。さらに元文五年（一七四〇）三月、大坂十蔵座で上演された『三十三《さんじゅうさん》

回忌《かいき》 袂《たもとの》白絞《しろしぼり》』（お染久松物）では、藤川平九郎《ふじかわへいくろう》が久松の父親に扮し、茶釜を叩いて「無間の鐘」の所作を演じる。

このように「無間の鐘」の趣向は、なにを鐘になぞらえるかでも誰がカネを欲しがるかでもいくつものヴァリエーションを生み出した（『役者全書』の伝えるところでは、撞き手あるいは叩き手を男にした「人魚の無間」「鮟鱇《あんこう》の無間」「鯉の無間」などもあったそうだ）。だがやはりそのなかで群を抜いてポピュラーだったのは、なんといっても「梅ヶ枝の手水鉢」の趣向だった。くりかえし歌舞伎の舞台で再演されたばかりではない。もっと軽便な座敷狂言（酒宴の座敷などで、座興に催す狂言）や茶番狂言（即興寸劇）などでも人気のある演目になっていった。

時代は話の内容から推測しておそらく享保末年のこと、そのころ瀬川といった一人の遊女をめぐるエピソードが随筆『江戸真砂六十帖《えどまさごろくじゅうじょう》』に収められている。題して「無間の鐘の仕組違ひの事」。いかにもよくできたコントになっている。

そのころ、江戸深川の仙台河岸で材木問屋をいとなむ一色《いっしき》なにがしという羽振りのよい商人がいた。表徳《ひょうとく》（雅号）を烏峨《うが》という通人でもあった。一色家は深川材木問屋の随一といわれた豪商だが、苗字から知られるとおり、室町幕府の四職につながる家系であり、戦国時代には北条氏の家臣江戸衆遠山丹波守の所領内に名の見える旧家である。近世になって一色町《いっしきちょう》の名も残している。

一世の豪奢を誇った烏峨もいつかは引退しなければならない。ところが商談ひとつをまとめるにも脂粉の匂い漂う茶屋でおこなうのが習い性となっている烏峨は、晩年になって商売をやめ、身代を後継ぎに譲って隠居してからも、遊蕩の性癖はなかなか治まらなかった。

いくら手元不如意《てもとふにょい》になっても、なお吉原松葉屋の遊女瀬川に入れあげる。松葉屋は、吉原の江戸町にあった大見世で、瀬川の名跡は享和年間（一八〇一〜〇四）まで十代続いたとされる（三田村鳶魚《みたむらえんぎょ》「新吉原瀬川復讐」）。そのうちの何人かにはいかにもまことらしい伝記が作られているが、いずれも真偽はすこぶる疑わしい。

たとえば京都町奉行所の与力だった神沢杜口《かんざわとこう》（一七一九〜九五）の浩瀚《こうかん》な随筆『翁草《おきなぐさ》』——信憑性の高い史料と見なされている——には、「江戸吉原松葉屋瀬川の事」という章があって、こんなふうに記している。

享保年中、浅草あたりの小さな庵に住む自貞尼《じていに》の来歴を尋ねてみたら、この尼はもと吉原江戸町松葉屋抱えの瀬川という遊女だった。……松葉屋第一の女郎として勤めているうちに、夫を殺した男が客として登楼していると知り、首尾よく敵を討った。その後すぐ浅草幡随院の仏弟子となって、自貞尼と名乗ったという。（第五十五巻）

この敵討が起きたのは享保七年（一七二二）と『さへずり草』にあるから、先の三田村鳶魚が立てた世次によれば初代瀬川にあたる。しかし『吉原細見』——遊女名簿などを含む遊郭ガイドブック——に瀬川の名が出るのは享保十三年（一七二八）のことだというから敵討ちの話はどうやら無根の浮説らしい。

また六代目瀬川は、鳶魚の世次では「安永四年（一七七五）に鳥山検校《けんぎょう》が落籍せし妓」とされているが、別の説では、この瀬川が享保二十年（一七三五）十二月三日に二十二歳で自殺したという話になっている。自殺事件そのものは事実だったようだが、時日の違いは完全に無視されたわけだ。

自殺の原因というのがまたいかにも作り話めいている。この瀬川は十九歳で六代目を襲《つ》いだが、ライバルに俵屋の吉野（京都島原の吉野太夫とはもちろん別人）という遊女がいて、いつも張り合っていた。このときもどちらが先に二人禿《ににんかむろ》（禿は遊女見習いの童女。太夫職の花魁《おいらん》の供として、花魁道中のとき、太夫の左右にひとりずつ付く）を出すかで激しく競争していた。紀伊国《きのくに》屋文左衛門《やぶんざえもん》に三百両を無心したが不調に終わり、金策の尽きた瀬川は自殺したという、しかし、紀文はすでに享保十九年（一七三四）に死んでいるからどうも話の辻褄が合わない。

もっとも、何代目であるかということをあえて特定しなければ、盲人の最高の位を得るとともに高利貸として辣腕を揮ったことでも有名な鳥山検校に、瀬川が千四百両で落籍されたことが江戸中の評判となったのはまちがいない。大田南畝《おおたなんぽ》も『半日閑話《はんにちかんわ》』の安永四年（一七七五）十二月の条に、「松葉屋瀬川といえる妓を鳥山検校うけ出せしという事、当年の是沙汰《これざた》（大評判）なり」（巻十三）と記録している。

その後数代の瀬川も、越後屋の手代とか松前侯とかの有力者に次々と高額で落籍された。それぞれの「突出し（初店《はつみせ》）」の年月は、やはり大田南畝の随筆『俗耳鼓吹《ぞくじこすい》』にある。こうしてみると、遊女を高値に売り出すためには、たとえ多少マユツバなところがあるにしても、なにほどかの伝説を身にまとっているのが好都合なようなのである。

遊郭の側でも抱えの遊女に少しでも箔《はく》を付けて売り出そうと、あることないこと虚実さまざまな事件とこじつけて伝説化をこころみた。松葉屋の瀬川の場合もそうだった。鳥哦はかなり本気でこの遊女に金を注ぎこんだらしい。瀬川のほうでもいいパトロンがついたと喜んでちやほやする。そのうちに袖留《そでどめ》の世話をしてやろうという仕儀に立ちいたった。

「袖留」とは、振袖新造《ふりそでしんぞう》から、その上の階級である部屋持ちの留袖新造《とめそで》になるための儀式をいうが、その経緯《いきさつ》から考えると、鳥哦がこの遊女を後援したのはまだ「瀬川」の名跡を襲ぐ以前からだったようだ。というのは、留袖新造はまだ独立した身分ではないので太夫《たゆう》（のち花魁と呼称）よりも遊女の位としては格下で、瀬川が「太夫」であるならば、わざわざ袖留の儀式をする必要はなかったからである。

なんにしても、袖留をするには莫大な費用がかかる。しかし、いまさらイヤとはいえない。そこで鳥哦はやむなく無理な算段をこころみた。というところから、この話は始まる。

五

それにしてもなぜここでまた「無間の鐘」がトピックになるのであろうか。

そもそも無間の鐘の巷説そのものは何百年にもわたって全国に普及しているが、それが舞台芸術の世界で「梅ヶ枝の手水鉢」の趣向として人気を集めたのは、何度もいうようだが、享保十六年（一七三一）に初代瀬川菊之丞が『傾城福引名護屋』で大当たりを取って以来のことだった。梅ヶ枝の手水鉢の段の見せ場は、一心不乱に石の鉢を柄杓で打ち叩く遊女のフリに応じて、座敷中に「ここに三両、かしこに五両」と飛び散る小判の散乱である。

この見立ての趣向は大好評で、その後すぐその場面を模倣することがあちこちで流行し、どこへ行っても梅ヶ枝の手水鉢というありさまだった。そういう世相が、じつをいえば、瀬川袖留の経費捻出に苦労する話を享保末年のことと推定する根拠なのである。

歌舞伎役者の瀬川菊之丞と松葉屋の遊女瀬川とのあいだには、もちろんなんの関係もない。しかし金策に窮して案じ出したアイデアとして「無間の鐘」を思いついたのは、さすが通人烏峨ならではのことではなかったかという気がする。

それぐらい世間では、猫も杓子も「梅ヶ枝の手水鉢」の趣向でもちきりだったのだ。

筆者《わたし》もそれでひとつ、思い出すことがある。

昭和三十六年一月十二日のことだった。戦後史に時期を画した六〇年安保闘争の翌年である。前年の夏、日本中で吹き荒れた騒乱の季節は去り、気抜けしたような静謐《せいひつ》が訪れていた。そのころの筆者の耳には今まで日々の喧噪のなかでよく聞こえなかった静寂のひびきや、事物が夕暮れてゆく物音が聞こえはじめ、筆者はそんなとき、ふと雑沓から紛れ出て、樹木や建造物の影が落日を浴びて倒れ伏している街路を歩くのを好んだ。

その日、当時浅草の松屋デパートにあった「すみだ劇場」で、珍しい江戸小芝居を見せる『かたばみ座』の公演がおこなわれた。時間の都合がつかず——なにしろ筆者はまだ学生運動組織の後始末で多忙をきわめていた——すこし遅れて行ったので、演目は二つしか見られなかった。まず『近江源氏先陣館《おうみげんじせんじんやかた》』の「盛綱陣屋《もりつなじんや》」、そしてそれから『ひらかな盛衰記』の「神《かん》崎揚屋《ざきあげや》」の段、つまり「梅ヶ枝の手水鉢」の場面である。

じつをいえば、筆者はそのとき不学にしてこの有名な俗謡が『ひらかな盛衰記』の一節であることをまだ知らなかった。それを初めて教えられたばかりか、目の前でくりひろげられたのは、市川女猿《いちかわじょえん》という役者がこの段のサワリを「人形振り」で演じて見せる特殊演出だった。なかなかどうして大した芸だった。「人形振り」というのは、人形浄瑠璃から歌舞伎に移された演出のことで、役者が人形の動きを真似て、というより人形になりきって演じる役柄をいう。だいたい女方が演じ、とりわけ娘役の感情が極度に激する場面で用いられることが多い。人形振りで演じられる役の背後には、必ず人形遣いがついて、体を支えながらあたかも人形を動かしているように「人形らしさ」を演出する。もちろん役者は科白《せりふ》をしゃべらず、舞台はすべて義太夫の語りだけで進められる約束だ。

初め舞台では「神崎揚屋」の前半が通常の芝居で淡々と進行していた。梶原源太を坂東萩之丞《ばんどうはぎのじょう》、源太の母延寿《えんじゅ》を市川蔦升《いちかわちょうしょう》、遊女梅ヶ枝を女猿が演じた。みんな老優ばかりだった。芝居がふいに中断する。と思ったら黒衣姿の役者が袖から出てきて、傍らに平伏している女猿を控えさせたまま、口上を述べはじめるではないか。

「とー《東》ざい《西》。このところお目にかけまする一段、『ひらかな盛衰記』は四段目キリ「神崎揚屋」、名題「梅ヶ枝の手水鉢」のくだり。市川女猿人形振りにて相勤めまする。とざい、とーざい」

もうひとり、黒衣があらわれて女猿、いや遊女梅ヶ枝の生き人形を後方左右から支える恰好になる。ハッというかけ声もろとも抱え起こされた女猿の顔は観客に振り向けられてはいるが、まだいささかの生気も通っていず、まったくの無表情だ。

が、テーンと三味線が入り、下座の義太夫が〽伝え聞く無間の鐘を撞けば、と語り出すと同時に奇跡が起きた。とたんに役者の老軀がみずみずしく蘇り、脈管に血流がみなぎったかのように立ち上がり、しかしすべて人形の動きでなめらかな仕草が連なった。

人形振りでは、役者は両眼を見開いたままいっさい瞬きをしない。ギクシャクと動く。——生身の肉体をもった役者が物体である人形に扮さなければならないところからこんなフォルムが生じる。人形の、人間にしては不自然な動きが、モノに憑かれて人間離れしてしまった一種の超人性を表象するのだ。女猿のシャカリキの熱演は肉体を完全に生き人形と化し、〽金ならたった三百両で、可愛《かわい》い男を殺すか、アヽ金がほしいなァ、と立ち身で袖をさばく動作も人形遣い役とぴたりと呼吸が合って、縁先に進み出、無間の鐘に見立てた手水鉢に一念凝らしてキッと眼を据える。

義太夫の語りもしだいにノリ（拍節的リズムに合わせた曲調）になり、〽石、に、も、せ、よ、金、に、も、せ、よ、と足拍子も加わって、〽未来永々、無間堕獄の、業を受くとも。だんない、だんない、大事ない、と手水鉢を打ち叩く柄杓の動きに添えて、身は五体投地のごとく床に叩きつけられ、ふり乱した黒髪も激しく揺すり立てられる。

梅ヶ枝のこの狂乱ぶりに、女猿によるその全身的な表現に、その日の観衆は圧倒され、また小芝居でしか味わえないコッテリした芸風を楽しんだ。女猿の大奮闘をやっと停めたのは、天の配剤か「ここに三両、かしこに五両」と座敷に降りかかる小判の雨であった。

烏哦が無間の鐘の俗説を信じていたとは思われない。しかし自分が後見する遊女瀬川の袖留の披露《ひろう》に茶番を演《だ》すと聞いたとき、「趣向をこう立て、こう運ぼう」と頭のなかでなにかがパッと閃いたにちがいない。「そうか。同じ瀬川なのか。これもなにかの縁だな」。

まだ世間中が、初代瀬川菊之丞が演じたばかりの手水鉢の新趣向の噂で揺れていたころの話である。烏哦もその舞台はもちろん見ていた。目に焼きついたのは梅ヶ枝の念力がかなってチャリンチャリンと座敷に積み上がる小判の数々であった。

茶番、正しくは茶番狂言というのは、どっと一座の笑いを取るためにその場で演じられる即興の寸劇である。その場の人びとをわっと沸かせ、大笑いで終わる罪のない趣向だ。

それに便乗して、烏哦が苦しまぎれに思いついたのは茶番で使う小判をそっくり利用しようという苦肉の策であった。

烏哦は、銅で小判二百両分を二包みに作り、素知らぬ顔で質に入れて六十両を借り出したのである。これで袖留の費用はどうにか算段がつけられた。茶番もうまく行って瀬川は無事面目をほどこし、披露も無事にすんだ。

ところが、その後何日経っても、烏哦は頬被りでいっこう返金するようすはない。いつまでも仏顔《ほとけがお》はできない。困った質屋は矢の催促をするが、言い訳ばかりで埒が明かない。

とうとう公事沙汰《くじざた》（訴訟）になり、役人立ち会いのもとに小判包みの封を切ってみたら、なんと全部銅で作った贋物ではないか。捨てては置けず、烏啞はただちに入牢させられ、厳しい吟味を受ける身になった。

訴訟をもちこまれた奉行所のほうでも悩んだにちがいない。もしこれが貨幣贋造だとしたらとんでもない重罪である。仕置例にしたがうなら「引き廻しの上磔《はりつけ》」の罪科に問わねばならない。しかし烏啞当人にそんな大それた悪意があったとは思われない。

そこでくだんの小判を作った錺屋《かざりや》（金具職人）が糾問のため呼び出されることになった。謀計にかかわったのではないかと疑われる立場である。お白洲で申し開くには、

「銅の小判を作りましたのは別に他意はございません。ただ、廓の茶番で『無間の鐘』の狂言をするのに入用だと、烏啞の旦那から注文がありましたものですから」

梅ヶ枝が手水鉢を叩く場面に必要な小道具だから細工しましたと言い抜けたのである。機転のよさに一同は胸を撫でおろした。この証言が功を奏して、烏啞は二十日あまりで出牢し、所預けにされた。蔭では親類縁者一族郎党の熱心な根まわしもあっただろう。町奉行所も深川随一の材木問屋からうっかり縄付きを出すわけにはゆかないのだ。

申し渡し（判決）は、江戸十里四方追放だけという軽罪で済み、貸し手の質屋は損をしたそうである。おまけに「金と銅では目方が違う、百両の包だったら百六十枚になるはずだ。また銅の小判百枚が一包になっていたら、軽くてわかるはずだ。よっぽどの愚か者にちがいない」といわれる始末。えらく割に合わない話だ。

結末の一文に作者がいうには——

本物の無間の鐘を撞けば金が湧くと言い伝えるが、こんな種でも金ができるそうだ。

こんなネタで仕組んでもカネができるとは、さすがに「無間の鐘」の言い伝えだけのことはある、というのである。話の結びひとつにも、どんな話でも最後にはパロディにしなければ落ち着かない江戸っ子気質がよく出ている。

お初観音経

一

大阪の曾根崎《そねざき》にある露天神社《つゆのてんじんしゃ》は、現在ではもっぱら、「お初天神」の名前で知られている。この名の由来になった近松門左衛門《ちかまつもんざえもん》の浄瑠璃《じょうるり》『曾根崎心中』は、序幕に「観音めぐり」の道行場面があったことからもわかるように、もともとは観音霊験譚《かんのんれいげんたん》の趣向をそなえていた。お初は観音菩薩の化身だったのだ。

それにもかかわらず、世上ではみな「お初天神」とばかりいい、「お初観音」とはいわない。なぜなのだろうか。お初・徳兵衛のふたりが心中した場所が天神の森だったという地縁性もさることながら、その根底にはもうひとつ、もっと重要な理由があったのではなかろうか。おそらくは、人びとが観音信仰に期待するものの質が変わってきたのである。

『摂津名所図会大成《せっつめいしょずえたいせい》』によれば、昔、露天神社の西隣に「七草《ななぐさ》観音堂」という堂宇があったと伝える。霊験あらたかなので諸人の参詣が絶えなかったといわれ、当社の本地仏だったといわれるが、残念ながら弘法大師作と伝える本尊が何観音だったかは同書では空欄になっていて不明。心中事件が起きたころにも、この堂はあったはずだがその後どうなったか話が伝わらない。

その代わりに、こんな伝承が残っている。

元禄年中のこと、雪庵《せつあん》という和尚がこのあたりの霊岑庵《れいしんあん》と号する寺に住み、「銅銭観音」というものの霊像を安置したので、民間ではこれを「銭観音堂」と呼んで尊信した。のちに生玉《いくたま》に寺が引っ越してからは、ただこの名前だけが残り、しかも「銭がん堂」とまちがって略称されるようになった。この銭観音堂と七草観音堂との関係は不明である。

銅銭観音とはなんだろうか。

こんな話が伝わっている。寛文初年（一六六〇）のことである。十九歳のわが子を失って悲歎に暮れた女が雪庵和尚を師として剃髪受戒し、以空比丘尼《いくうびくに》と号する尼になって、亡き子のために一心不乱に観音経《かんのんぎょう》 普門品《ふもんぼん》を読誦《どくじゅ》した。いっぺん読み終わるたびに一文銭ひとつを水で洗い、箱に入れ、積み溜めた銭を使って観音の尊像を鋳 造《ちゅうぞう》しようと誓願した。

願を立ててから七年経った寛文七年（一六六七）某日、亡き子の七回忌の法事が終わった日、隣家から火が出て以空尼の宅も類焼した。焼け跡を探して積み銭のありかを尋ねると、ことごとく焼け蕩《とろ》けて一塊りになっているではないか。

すぐにきれいな水で洗ってみると、焼けても銭の形が残ったものは累々《るいるい》と重なって船座《ふなざ》（補《ふ》陀《だ》落《らく》渡海にちなんで船の形をした台座）になり、蕩けて流れたものは三寸ばかり（約一〇センチメートル）の補陀落観音の尊像の形になっていた。

奇跡の噂はすぐに大坂中に広まって人びとの尊信を集め、元禄六年（一六九一）、以空比丘尼は世を去ったが、その後元禄十五年（一七〇二）霊像は雪庵の弟子某の代に生玉社前の玄徳寺に安置されたと寺記に見えているという。

多くの信仰を集めた観音の霊験は、ほんとうのところ、旺盛な金銭欲にほかならず、江戸時代の観音信仰は、しばしば信徒たちと寺院側の共謀の目配せのもとで、人生の苦悩をやわらげたい祈願のかたわら、いたって無邪気にチャッカリした、露骨な致富の手段と結びついている。

それだけではない。どうも江戸時代の観音信仰には、エロと金銭の彩りが濃厚につきまとうようだ。観音様はあまたある日本の神仏のなかで、いちばんポピュラーであり、おそらくいちばん多く人びとの信仰を集めている仏さまであるが、その秘密はやはりこの点にあると断言してさしつかえないだろう。思えば「色とカネ」の二事ほど庶民にわかりやすい早道はないのである。

世に『観音経』という名で流布している仏典は、正しくは『法華経』(妙法蓮華経)の第二十五品《ぼん》『観世音菩薩普門品』だけを独立させた経典である。広大無辺な大慈悲心をそなえた観音菩薩が場合場合に応じて三十三に身を変え、自在に衆生を済度すると説いており、このお経を念ずればあらゆる苦難から救われるとされるところから民衆の篤い信仰を集めている。

それどころか観音信仰の裾野は『観音経』の信奉者の範囲をはるかに越える。観音経のコアな信徒集団のぐるりに、日々観音経を愛誦するような信心家の層が広がり、さらにその外郭に、日ごろはケロリと忘れているのに「苦しい時の神頼み」ではないが、切羽詰まった場合にかぎって、いや、そういう場合にのみ、観音さまを急に思い出してたよりにする不心得なやからがゴマンといる。

まあそんな身勝手さ、あつかましさ、愛すべきジコチューなどは観音さまにはとうにお見とおしであり、それを気になさらず衆生を済度してくださるのが無量の慈悲心というものなのだろう。

衆生は観音さまに甘えた。甘えっ放しだったとさえいえる。とにかく『観音経』の一節では、「衆生《しゆじよう》、困厄《わざわい》を被りて　無量の苦、身に逼《せま》らんに／観音の妙《たえ》なる智力《ちりき》は　能く世間の苦を救わん」（岩波文庫訓読）と告知されているからには救済はまちがいなしのはずだ。

庶民は手っ取り早い霊験を求める。来世などおちおち期待してはいられない。いずれもその日暮らしの面々にとって、いつも待ったなしで埒を明けねばならないものは「金銭」と「色欲」であった。

平たくいえば、イロとカネである。初めに紹介した「銅銭観音」は、いかにも貧しい金銭志向のイメージとして非常にわかりやすい。庶民社会でのカネと観音の結びつきにはうってつけではないか。

そもそも観音信仰が日本に渡来した飛鳥時代から奈良朝にかけて観音を本尊とする寺院は「霊験寺院」として律令国家の経済的庇護を受け、数百束から数千束の出挙稲《すいとう》を与えられている（速水侑編『観音信仰』）。この優遇から生じた米銭の蓄積が、ずっと下った時代にまでもち越され、寺院金融——たとえば泉州水間寺の「観音の銭」（西鶴『日本永代蔵』一—一）——の原資になっただろうことは想像に難くない。そうした慣行や言い伝えが漠然と世に受け継がれて記憶され、人びとは観音と金銭に淡い連想を固定化するにいたっているのである。

では、イロのほうはどうか。

卑近な例をもち出して恐縮だが、隠語では「観音様」といえば女性のナニのことだし、警察用語では「全裸」を意味するそうである。そのほか卑語・俗語・艶語の領域ではだいたい女体・女身のあたりに連想が局限されているようだ。たとえば「女陰の隠語」（『日本性語大辞典』一九二八）、「女の局部のこと。観世音菩薩は女性の表象された仏である故にそれから転訛《てんか》したもの」（『かくし言葉の字引』一九二九）といった具合である。

それも無理はない。つとに平安末期・鎌倉初期の過渡の時代に、ひとりの僧侶がもろもろの衆生にさきがけて夢で観音菩薩と冥約を結び、女犯《にょぼん》のライセンスを獲得していたからである。僧の名は親鸞《しんらん》という。「救世《ぐぜ》観音の夢告」として伝承された有名な物語である。

親鸞がまだ二十九歳で比叡山の学僧だった建仁《けんにん》元年（一二〇一）の春のころ、悩みに悩んだ末に下山し、聖徳太子の建立とされる京都の六角堂で百日参籠をおこなった。その九十五日目のことという。暁の夢のなかに救世観音の化身があらわれ、四句の偈を授けた。「女犯偈《にょぼんげ》」といわれるものである。

行者、宿報にて設《も》し女犯すとも
我、玉女の身と成りて犯されん
一生の間よく荘厳し

もし、そなたが前生の因縁によって女と交わるとしても
私が女体と現じてそなたに犯されよう
そして一生を清らかに送り

臨終引導して極楽に生まれせしめん　臨終のとき極楽に往生するよう導こう

夢のなかでこういうお告げをもらい、さらにこの誓願をすべての衆生に説けという任務を観音から得た親鸞は、それからためらいなく、女犯妻帯の信念をつらぬくことになる。結婚相手については、九条《くじょう》兼実《かねざね》の娘玉日説・恵心尼説などいくつかあるが、生涯に四男三女をもうけているから親鸞が妻帯したことはまちがいない。

仏教史上いわゆる新仏教の誕生である浄土真宗への道は、こうして観音菩薩の夢告をきっかけに切り拓かれたのである。

しかし、そのようにハイブラウな法論は、後世の無責任な衆生にはいっこう聞こえぬ消息だ。いつの世でも絶対多数派を占める、この万年自己チュー、自己都合優先、手前味噌専科の連中は、親鸞が血の滲むような修行の末に得た夢告をも、いたって気楽に、安易平俗に、早わかりふうに受け取った。かの「女犯偈」は「男が淫欲盛んに燃え立って、どもならんようになったら、必ず観音様が女体であらわれて済度してくださる」と翻訳されて民間に広まったのだ。

天下の俗衆はもちろんこれを信崇した。たとえ半信半疑でも、それだけの功徳はあった。男どものあいだにあまたの妄想が生まれて膨らんだ。観音様はいたるところに示現した。あるときは遊女と現じ、あるときは同じ長屋に住む八百屋の娘と現じ、場合によっては長年連れ添った古女房がにわかに観音と現じる。

そして観音の無際限の慈悲心への期待の念は、とうとう世の男たちに観音示現の究極の形態を解禁せずにはいなかった。男どもは最寄りの女の裾をまくり上げ、そこに鎮座まします、ある得もいわれぬ形状を「観音様」と呼びならわして今日にいたっている。

天下の衆生が心に描く観音菩薩のイメージは、まずは超越的な彼岸の存在として、次には遊郭の傾城・太夫を観音の仮現とする性愛信仰の対象として、三番目に、日常卑近な事柄のうちに観音の形姿を発見しないではおかない「見立て」の趣向の発現として、着実に彼我の距離を縮めてゆく。この三段階は必ずしも時代の推移とは歩調をともにしてはいないが、しだいに身近で多数派的なものになっているのは確かである。

こうした彼我の距離の接近は川柳で顕著になる。川柳はたしかに滑稽を旨とする笑いの文芸ではあるが、その笑いを豊かにするためにも生活風俗への鋭いセンスが要求されたのである。有名無名の作の参加のもとに『誹諧武玉川《はいかいむたまがわ》』『誹風柳多留《はいふうやなぎだる》』などの刊行がシリーズで進むにつれて、笑いも社会風刺やらナンセンスな滑稽やら人間共通の弱点へのクスグリやらさまざまなヴァリエーションで発掘されていった。

たとえばこんな句がある。

〽観音《くわんおん》ハ遺ひでのある仏也　(『柳多留』十四)

これは一読しただけではいかにも観音菩薩が三十三に身を変えて衆生を救ってくださるという『普門品』の教義を下世話に説いたように見えるかもしれない。しかし、さすがは川柳、読者を思わずニヤリとさせるだけの工夫を凝らしている。「遣ひで」とはいったいいかなる使用法か。観音の使い途には何と何があるのか。

次の句などはかなりあけすけに禁句を口にしているといえよう。

〽観音と言ふても摺木あらく成 (『武玉川』六)

「摺り木」とは摺鉢にたいするスリコギのことである。そして男の一物の隠喩であることは一般的だ。いくら相手が観音様だと承知していても、つい自然にその動かしかたが、荒っぽくなってしまうというのである。ついでにもう一句——

〽ほいしもた塵紙奥の院へ散らし (雑俳『机の塵』)

シマッタ。塵紙を「奥の院」に散らしてしまった。——この塵紙は例の浅草紙であるし、「奥の院」というのは女陰の隠語である。だからこれは、一儀のかなりきわどい一場面といわなければならない。そして同じ暗喩を用いながら、ほとんど露骨なものもある。観音とエロスとの結合は、当然、川柳のなかでもとくに「バレ句」と呼ばれる艶句・艶笑句の部類——そのアンソロジーが『誹風末摘花《はいふうすえつむはな》』——でいよいよあけすけに表現される。

〽本尊は濡れ仏なり奥の院（不明）

この句はバレ句の代表格としてよく引き合いに出されるが、出されすぎるせいか、かえって出典がわからない。

「濡れ仏」とは、ふつう屋外に露天で閣《お》かれている仏像をいう。方々にあるが江戸っ子だったらまず、浅草寺の二尊仏《にそんぶつ》を思い浮かべたにちがいない。これは上野国《こうずけのくに》の高瀬善兵衛という人物が、かつて奉公した日本橋伊勢町の米問屋の旧主への謝恩と菩提のために建立したもの。観音・勢至《せいし》両菩薩像の一対である。……とは思いのほか、句中の「濡れ仏」はあろうことか場所の指定のない「奥の院」にあるのだ。ようやく開かれた「奥の院」とは、甲斐々々しく濡れそぼれた仏体そのものが剝き出しにされている御姿なのだ。

まこと、『観音経』の御誓願に嘘いつわりはなかった。いまや、天下の衆生は最寄りの女体のうちに顕現する観音を拝むことができるようになったのである。

二

元禄初めのことという。諸国で奇妙なできごとが続発した。夜中に道路を歩いている男女の髪がすっぱり切り落とされるのである。江戸時代中期の俳人菊岡沾涼《きくおかせんりょう》（延宝八年［一六八〇］～延享四年［一七四七］）の『諸国里人談』はこう記している。

男も女もみな髪を結ったままで、元結いの際から切って結んだ形で地面に落ちていたそうだ。切られた人には切られた覚えが全然なく、いつ切られたかもわからない。方々の国々で起きたが、伊勢の松坂がとくに多かった。江戸にも髪を切られた人がいる。私が知っているのは、神田《かんだ》紺屋《こんや》町《ちょう》の金物屋の下女が、夜買物に出て、髪を切られたのに気づかず帰ってきたそうだ。人から「髪がないぞ」といわれて驚き、気絶したという。通ってきた道を探したら、髪は結ったままで落ちていた。その時分のことである。（巻之二）

この奇怪な髪切り事件は江戸時代を通じて何度も何度も起きている。吉原健一郎・大濱徹也の編著による『増補版 江戸東京年表』は、元禄十六年（一七〇三）の条に、「一六六七年（寛文七年）にも流行した『髪切《かみきり》』が、再び出没する」（傍点引用者）と表記している。してみると、似たような事件は三十六年前にもあったわけだ。また同年表は同じ事件がその後、明和二年（一七六五）・同四年（一七六七）にも流行したと特記している。

なお、同年表には、元禄十六年という年次に関して出典の明記はない。（『武《ぶ》江年表《こうねんぴょう》』『徳川実紀』にも該当記事なし。）戸田《とだ》茂睡《もすい》の『御当代記《ごとうだいき》』には、徳川綱吉《とくがわつなよし》の娘鶴姫が江戸城から紀州藩邸へ帰ろうとしたところ変化《へんげ》が出現して「女の髪を食い切り」云々の記載があるが、これは元禄二年（一六八九）のことである。

三田村《みたむら》鳶魚《えんぎょ》は、誰がするのか何を目的にするかはわからないとして、それは「慶長年間にもあり、元禄・明和・安永、近くは文化七年（一八一〇）・十三年（一八一六）、文政四年（一八二一）という風にありました」（「髪切りと女の尻突き」）と述べ、いちばん時代が下ったのは弘化《こうか》元年（一八四四）だとしている。つまり、この奇妙な風習——むしろ性犯罪と呼ぶべきなのかもしれない——は、周期性こそないが不定期の間歇性をもってだいたい江戸時代の全期間を通じてくりかえし流行しているのである。キツネの所為とか通り魔の犯行とかいろいろに取り沙汰されたが、けっきょく真相はわからずじまいで、ただ不気味さだけがあとに残った。

このように数多く起きているからには、これらの事柄はおそらく単一の事象ではないだろう。別々の動機や理由でおこなわれた行為が衆目にいっしょくたにされて、「髪切り」と一括されてしまっているが、本来はそれぞれに個別的であり、ある意味当事者個々の実存にかかわる行為であったにちがいないのだ。

江戸時代の「髪切り」のなかには、たんなる病気だった場合もあったろう。大正期の病理学者田中香涯《たなかこうがい》は、江戸時代に発生した寄生性毛髪断裂症（一種の絲状菌の寄生が原因）の流行がきっかけになったものと見ている（「毛髪恋愛—截鬠漢《せつきよくかん》」、『愛と残酷』所収）。髪の断裂を見て同時代の変質者が刺激を受け、自分でも女性の髪を切断する行為に走ったとするのである。

この種の「変質者」はふつう「毛髪フェティシスト」と呼ばれる。性愛の対象を異性の全身ではなく、毛髪・陰毛・腋毛などに固着させる種属である。性器自体はどうでもよく、毛髪だけで性的に満足する。だから毛髪にきわめて強い執着を示し、それなしでは性的満足を得られない。——個人差はもちろん多様にあるが、以上がだいたいその最大公約数的な症候である。

筆者は、ここで精神分析のまねごとをするつもりはない。ただ起きたできごとをそっくりそのまま再現して、その解釈は読者諸氏にお任せしようと思うのみである。そのためには現象それ自体をなんの理屈もなく受け入れねばならない。先入観は禁物である。性器の一部分としての陰毛への関心と、陰毛そのものへの固着とは、厳密に区別される。当事者の心理では、この二者は根本的に異なる物らしいのである。

たとえばこんな艶笑句がある。

〽毛が少し見へたで雲をふみ外し（『末摘花』）

よく知られた久米《くめ》の仙人の説話である。通力豊かな久米の仙人が雲に乗って空を飛行中、下界の川で洗濯をしていた女の白い脛《はぎ》を見てむらむらと発情し、通力を失って雲から墜落したという話にもとづいている。

このとき仙人はただ白い脛だけでなく、その奥に黒い毛がチラチラするのを目にしていたにちがいない、と下司な想像をめぐらせているわけだ。明らかに「毛」が女陰の換喩になっている。多少こむずかしくいうなら、この句ではフット・フェティシズムの機構は反応せず、毛髪フェティシズムの方向に指針がブレているといった程度でしかない。

全般に、川柳の艶笑句のレンズで覗く江戸のエロスの世界では、「毛」の語は大部分が「陰毛」を指し、しかもそのあらかたは「女陰」の朧化表現であって、純粋に毛髪そのものに向けられた偏愛とは称しがたいのだ。

〽毛の生える時分寝相がちと直り（『末摘花』）

句によまれているのは年ごろの娘である。作者は娘の父親になり替わってよんでいるつもりだろう。が、微妙なところで助平心の下地が覗けてしまっている。ここでの関心の対象は娘の寝相よりは、チラリと見える毛を生やしているその部分のほうにより多く向けられているように見受けられる。「毛」は究極の立ち入り禁止ゾーンへの侵入をブロックし、抵抗し、遅延させる意識下の緩衝地帯であり、アクセサリー的付属品なのだ。

三

生玉神社は上町台地のはずれにあるが、西方はすぐ海岸につながる低地である。古代には難《なに》波津《わづ》として栄えた土地であった。後世、たびたびの水路開発と埋立てによる土地造成を経て商業地として発達し、現代の大阪ミナミの原形をなしている。元禄のころには、船場《せんば》がその中心地であった。北は大川（旧淀川）、東は東横堀川《ひがしよこぼりがわ》、南は長堀川《ながほりがわ》、西は西横堀川に囲まれた地域である。淀屋常安らの豪商の手で町人経済活動の根拠地として開発され、三井・鴻池《こうのいけ》・升屋《ますや》などの両替商・呉服店、その他薬種商・金物屋・船宿・料亭などさまざまな職種の商人が次々と開業し、貨幣流通の中心地として栄えはじめ、いつしかすぐ南の島之内《しまのうち》ともつながり、これに大坂城郭の南端にあった道頓堀《どうとんぼり》を加えて一大殷賑《いんしん》地ができあがった。

船場地区は、方四十間（京間の一間は六尺五寸だから、約七九メートル）の正方形街区を基準として東西・南北の道路が井ノ字なりに交差する整然たる町割を具えている。全部で東西十三町（約一四一八メートル）・南北八町（約八七三メートル）の広さをもっていた。その表通りには表間口が十間《けん》（約一九・七メートル）以上もある大店《おおだな》が軒を連ねている。たいがいは豪勢な表《おもて》家造《やづくり》（道路に面した部分に店舗、その奥に居住用の建物を別々の棟として建てる様式）の商店だ。「大店（巨戸《きよこ》）」と呼ばれる富商が軒を並べ、商取引を急ぐ人びとの往来が引きも切らない。

だが、ひとたび横町に入れば、裏通りには、表間口四、五間（八〜一〇メートル）以下の中《ちゆう》店《だな》（中戸）が並ぶ。それでもちゃんと通り庭（商家で、表口から裏口へ通り抜けられるようになっている土間）は付いている。中戸二軒の中央を、道幅が一間から四、五尺ぐらいまでの広狭のある路地が貫き、その奥には表の道路とついに接することのない空間がある。

表通りがあれば裏通りがあるのは世の常だ。「生き馬の目を抜く」どころか「死ねがな目くじろ（死ンジマエ、目玉をクリヌイテヤル）」（井原西鶴『世間胸算用』）をモットーとする人びとで雑踏する船場の町も、もし路地裏に足を踏みこめば、そこにたちまち異空間が出現するのを見るだろう。ちょうど芝居小屋の回り舞台がぐるりと一巡すれば、手際よく視界が一変するように。その世界に住んでいるのは、表通りとはまったくちがう人種だ。

裏長屋の人びとである。

元禄十六年（一七〇三）、大坂の町方人口は三十五万一千七百八人あったという（『地方役手鑑』）。その七、八割は裏長屋住まいの人びとだったと見てよいだろう。

貨幣流通の先進地だった大坂では、蓄積された貨幣の使い途がいろいろ考案された。進取の気性をもった町人は、物品の生産やその流通、さらには金貸し業などに投資する意欲を示したが、そんな気宇壮大な人種はほんの数えるばかりだ。大多数の人びとは、みずからはなんのリスクも取らず、いきなり貨幣そのものを手に入れることを考える。こうした致富手段で生活する人びとは、今日いわゆる金利生活者《ランティエ》のハシリといえるが、この人種はすでに元禄時代から生まれていた。

この時代に青年期を過ごした大儒学者の荻生徂徠《おぎゆうそらい》はさすがに炯眼《けいがん》だった。眼早くも「仕舞多屋」という新しい種類の人間類型が形成されたことに注目している。「しもたや」とは「しもうた―や」（しまった家）の転訛《てんか》であり、辞書的には「以前はなにか営業をしていたが、いまはそれをやめて、家作・地代・金利などで裕福に生活している人」という意味である。

大名に優る者は仕舞多屋の町人である、商人の身分に列なってはいるけれども、金銀はあるが面倒なので金貸しもしない。ただ家作を夥しく持っていて、その店賃《たなちん》で安楽な暮らしをしている。（『政談』巻二）

このように、家作をもつことは、さまざまな「しもたや」のなかでも、手堅く、安定収入を確保できる生業《なりわい》の選択であった。町人地では土地の私有が認められていたから、私有化された土地の所有者は「地主」と呼ばれたが、ふつうはその土地に住まず、その土地に住み、家屋を所有する家守《やもり》が家作の管理をしていた。地主の土地のうち、表通りに面した地所は富裕な商人たちが借り、店と自分の家を建てて住んだ。小商人《こあきんど》などは表通りに面して建てられた表長屋を借り、また、近郊農村から大坂に流入した貧農や職人などは、表通り裏の路地に建てられた裏長屋を借り、それぞれ店子《たなこ》（借家人）として住んだ。

裏長屋には、「棟割《むねわり》長屋」と呼ばれる貧困住宅が多かった。「九尺二間の長屋」という通称どおり、間口が九尺（約二・八五メートル）、奥行きが二間（約三・八メートル）の住戸を連ねた長屋をいう。棟割長屋は建物の棟方向に壁を造って前後に仕切り、両隣だけでなく背中合わせにも隣の住人がいる形式で個々の住戸が作られていた。

入り口からすぐ土間で、片隅に竈《かまど》と、一段上がって板の間（一畳分）があった。窓はなく、一戸には平均二、三人しか住めなかった。だからどこも寝るのが精一杯だったし、井戸や雪隠《せっちん》（トイレ）、ゴミタメ、物干し場などは一長屋で共同だった。風呂はない。押し入れ・戸棚もなかったが、板の間の床下収納はできた。

そんな狭苦しいスペースに若い夫婦者だの、独り者だの、孤独な老人だのがひしめきあい、身を寄せ合って暮らしていたのである。裏長屋の住人は、おたがいに隣人の素性を詮索せず、隣人がめいめいの過去の来歴を語ろうとしなくても別に気にしなかった。

元禄十五年（一七〇二）のことである。

船場界隈のはずれ、町屋街が生玉神社下の低地に広がった繁華な地のとある裏通りに、誰が名づけたのか「蜆《しじみ》長屋」と呼び慣わされる古びた貧乏長屋があった。名前の由来は、いまはもうどこかへ越したが、昔この長屋で暮らしていた貧しい世帯に孝行息子がいて、毎朝まだ明けやらぬ時刻からシジミを売り歩き、家計を助けたからだという。

現在の顔ぶれになっても、蜆長屋の住人にはいかにも曰くありげな、胡散臭《うさんくさ》い面々ばかりが揃っていた。だがそういう印象は外から眺めた場合の話であって、内部の人間はめいめいがそれぞれ自足していた。

蜆長屋も棟割長屋であり、建坪の都合で住戸は八世帯分しかしつらえてなかったが、住人同士がたがいに干渉しないせいか、差配《さはい》（大家《おおや》）が適当にボンクラで口うるさくないせいか、店子は店子だけで自分勝手に生きていた。世のなかに背を向けている気味合いもなくはなかったが、その代りここには、世のなかからほっぽり出されている状態のえもいえぬ気楽さが満ちていて、この時代にこんな言葉がなかったのはむろんだが、一種「裏長屋解放区」とでもいえそうな雰囲気が漂っていた。

まず、どこにでもいそうな、ありきたりの夫婦者が三組。どの世帯でも亭主は、労咳《ろうがい》でも病むのかひどく顔色が悪かったり、借金取りから逃げまわってでもいるのかいつもおどおどしていたり、なんの仕事をしているのか口を緘《とざ》している陰気な小男だったりしたが、どういうものかどの世帯でも子だくさんだった。

それにひきかえ、どこでも女房のほうはみな頑丈で腕も肩も腰もたくましく、おまけに誰も例外なくすさまじい金棒引きだった。この長屋で起きたことは、あることないこと女房連の口の端にかかったら最後、完膚なきまで面白がられてみんなのエサにされるのだった。井戸端の洗濯場では毎朝のようにゴシップが花開いた。女房連は飽きてむずかる赤子を、背中を揺すってあやしながら、日が高くなるまで洗濯の手とよくまわる口とを休めなかった。

三組の夫婦のうち陰気で口の重い小男の生業も、女同士のあつかましい好奇心の前には、秘密のままで押し通すことなどとてもできなかった。他のふたりの親切ごかしの詮索好きに最後までは抵抗しきれず、小男の女房はとうとう夫の勤め先を明かした。なんと大坂町奉行所だというのだ。「ウソーっ」「かついだらアカンデ」と目を丸くしたふたりの女のひつこい質問攻めに遭って、相手はようやくポッンと口を開いた。

「アンナア、あまり人には言わんといてな」

「言わへん、言わへん」

「あてら三人だけのナイショゴトや」

「ほんま言うとナア。奉行所は奉行所でも、お城の京町口ではのうて松屋町——マッチャマチと発音する——のほうでんねん」

「あの牢屋敷のほうでっか？」

「そないなわけでんねん。ナイショにしといてな」

「はあ、もちろん」

大坂の牢屋敷は奉行所とは別の施設であり、松屋町筋に面していたので、「松屋町屋敷」と呼ばれていた。原則として未決囚の拘禁場所であった。だが死罪人の死刑、軽罪者の敲《たた》き・入墨《いれずみ》等の身体刑、また笞打《むちうち》・石抱《いしだき》・海老責《えびぜめ》等の拷問の執行場所でもあった。

その女房の重い口からやっとこさ聞き出したことでは、陰気な小男は名前を平造《へいぞう》といい、松屋町屋敷でどうやら牢守《ろうもり》を勤めているらしかった。大坂では牢番の代わりに「牢守」という役を設けて、大坂三郷——当時の大坂中心部の行政地域区分。「天満組《てんま》」（天満）・「北組」（船場の北半部）・「南組」（船場の南半部と島之内）——から町人を任用していた。切米《きりまい》十石三人扶持《ぶち》の薄給である。牢守は通常の番人業務の他に罪人の拷問および敲《たたきけい》刑の打役《うちやく》などを勤めなければならない。入墨刑の執行をさせられることもあった。罪人の肩を脱がせ、露出した二の腕の肘《ひじ》上に太い針で墨汁を摺《す》りこむのである。あまり人に好かれる職業ではない。

さしもの金棒引き連も、さすがに気が引けて、日ごろ無遠慮に口にする身も蓋もない評言を慎んだほどだった。

他にもうふたり、この棟割長屋の奥の両角には、どういう人生をすごしてきたのか誰も知らず、世を儚《はかな》んだ、というより、世とのかかわりをすべて断ち切りましたと顔に刻みこんだように無表情・無感動で毎日を送る老人が住んでいた。両方とも世間からひっそり隠れ通したいという意志はたいへん強く、隣人づきあいも迷惑げなようすだった。これにはいくら善意の押しつけを得意とする長屋の金棒引きも取りつく島がなく、いつもの井戸端会議の話題にものぼせようのない面々だった。

そして長屋のもう一方の端、ちょうど裏通りとこのブロックをつなぐ路地筋が尽きるあたりにある住戸に、曰くありげな父と、多少年のいった娘が人目を忍ぶように暮らしていた。父親はいかにも辛苦を嘗めて生きてきたといった風貌をしており、娘のほうはひどく引っこみ思案で無口だった。不審に思った詮索好きな女たちが、さんざん方々を嗅ぎまわった揚句、その娘は一度嫁に行ったが、さほど不器量でもないのにまもなく不縁になったという噂を聞きこんできた。理由はわからない。口さがない女たちは、おとなしそうな顔なのに、かわいそうに、なにか身体的な欠陥があるにちがいないと言い合った。

父娘《おやこ》はよくふたり揃って生玉の玄徳寺《げんとくじ》の観音講へ出かけていった。貧しい暮らしのなかで貯めたわずかな金を銭観音に喜捨しているらしかった。きっと娘の身体がよくなるように観音に願かけをしているのだろうと人びとは噂した。

その元禄十五年の夏のころ、例の女三人のあいだでむしろ噂のタネになっていたのは、ことしになってから蜆長屋に住むようになった若い浪人者ふたりと、もうひとりどこから流れ着いたかわからない年齢不詳の独り者だった。

例の金棒引き連のカンでは、浪人は前年に世間を騒がせた播州赤穂藩《あこう》のもと御家中ではないかという見立てだった。浅野内匠頭《あさのたくみのかみ》の切腹の後、赤穂城の明け渡しも四月十九日に無事終了し、浅野家の赤穂藩は完全に消滅していたが、六月二十五日に残務整理をすませて京都山科《やましな》に閑居した大石内蔵助《おおいしくらのすけ》の動静には、亡君の復仇《ふっきゅう》を企んでいるのではないかという嫌疑から幕府の監視の目が厳しく光っていた。内蔵助と示し合せていると疑われた旧赤穂藩士も同様に警戒の対象にされた。

ふたりが蜆長屋に越してきたのはちょうどそんな微妙な時期の直前だった。ふたりとも自分の意思を決めかねて精神が不安定になっていたと思われる。年かさのほうは岡本喜八郎《おかもときはちろう》といい、なま若いほうは橋本平左衛門《はしもとへいざえもん》といった。どちらも口数が少なく、自分たちが赤穂浪人だなどとはおくびにも洩らさなかったが、そこはそれ女のカンとかが働いて噂好きのお内儀《かみ》連はすぐさまお人好しの差配から聞き出し、新しい店子の正体はたちまち棟割長屋の連中、そこから表長屋を経由して、町内の有象無象《うぞうむぞう》に知れわたることになった。

かといって誰が訴人するわけでもなく、別にお上《かみ》がわざとお目こぼしをしたのでもあるまいが、長屋に奉行所の岡っ引きが来ることもなく、忍びの者らしい姿が近所をうろつくこともなかった。

かえって心配なのはふたりの隠れ浪士たちの人となりのほうで、日ごろは無責任にしゃべり立てる金棒引き連も内心では浅野びいきと見えて、ふたりが純真すぎて素性を隠しきれないのではないかと心配したくらいだ。「仇討の一味連判に加わるには、なにがしかの金子《きんす》をおさめなくてはならぬそうじゃ。その金子を御石碑料の名目で調進するために、おふたりは親類頼み、知り合い頼み、四方八方に頭を下げっぱなしで苦労されているそうな」と神妙に同情される一方、肝腎の浪士たち、とりわけ若いほうが、見るからに「大望を抱えた身でござる」と顔に書いたような突き詰めた表情をしているのでまわりをハラハラさせた。

そうそう、この長屋には最後にひとり、さきに「年齢不詳の独り者」としか紹介しなかった人物が残っていた。

大坂に身寄りも知り合いもいないらしく、誰とのつきあいもなく、生国も不明だった。差配もこの男ばっかりはいっさい素性がつかめないようすで、女たちの好奇心を満足させられない。要するに謎だらけの人物だった。

顔立ちはなかなか整っていて、男にしては睫《まつげ》が長かったから、基本的にイケメン好みの長屋の女たちもいつもの辛口を慎んでいるのが不思議なほどだった。

四

元禄十五年の七月中旬、蜆長屋はてんやわんやのパニック状態になっていた。

店子の橋本平左衛門が七月十五日の夜七つ時分（明けがた四時ごろ）、「しらみつ」という茶屋で、「初《はつ》」という名の遊女と心中したのである。この寝耳に水の椿事が起きたおかげで、謎だらけの男への好奇心は下火になったといってもよかった。

十六日の朝、心中の知らせが差配のもとにもたらされ、たちまち長屋中の大騒ぎになった。差配は、同じ敷地にある別棟の表長屋で暮らしていた。ふだん寄り合いがあるときなど使う八畳間へ、棟割り長屋の連中が呼び集められたのだ。気がついたら岡本喜八郎はちゃっかり居なくなっていた。多くない家具はそのままだったから、その筋に調べられるのを警戒してすばやく逐電《ちくてん》したらしかった。薄情だと長屋の衆はみな憤慨したが、代わりにすぐ早水藤左衛門《はやみとうざえもん》という人物がやってきて、テキパキと後始末をしたので一同はたちまち機嫌をなおした。

藤左衛門の話では、死んだ平左衛門はまだ十八歳だったということだ。同じ馬廻組《うままわりぐみ》の同僚だったらしい。亡君の御石碑料——さすがに公然と、仇討一党への加盟金とはいえなかった——を調進したい一心で、許嫁《いいなずけ》の初の身を苦海に沈めたのだった。「若気のいたりであった」と藤左衛門はつくづく慨嘆した。遊女は嫌いな客にも身を任せねばならぬぐらいなことは承知しているつもりだったが、いざ実地となると若い武士の誇りが許さなかった。ましてや、遊女が客を取らずにいるには、店に入るはずの揚げ代に相当する金額を自分で払わなくてはならないのだ。

若いふたりはそんなこととは思いも寄らず、気がついたら積もる借金で身動きが取れなくなっていた。それでとうとう思い詰めたのであろう、七月十五日の夜、平左衛門は「しらみつ」へお初を揚げづめにして一晩抱き明かした末に、かねて約していたのだろう、男はいっそ一思いにと女を手にかけたのだった。

早水藤左衛門は淡々と朋輩がしでかした「不祥事」の事後処理の話をした。平左衛門はお初を手にかけた後みずからも切腹するのだが、どっちにしても血が多量に出る。血で汚れた座敷は弁済しなければならない。「いや、ご心配なく。費用はわれら朋輩がお引き受けする。この長屋にかかわり合いはいっさいござらぬ」。こうきっぱり言いきったので、差配以下長屋の面々はほっと安心し、と同時に浅野家中の評判はぐっとよくなった。「見いや。きっさり（きちんと）ケジメをつけはるやおまへんか。さすが浅野の御家中や」と口々に言い合う、そんな一同にまじって、先刻から末席で話を聞いていたくだんの「年齢不詳の独り者」が異様な平静さを保ち、われ関せずといった冷淡な表情をしているのが印象的だった。

長屋の有象無象が、藤左衛門の話から血みどろの心中場面を生々しく体感的に想像し、涙をこぼしたり咽喉をさすったりして興奮している傍らで、その男はただひとり暗い顔をして話に耳を傾けていた。なにかに熱中しているようだったが、それがなんであるかは誰にもわからなかった。

とはいえその座敷には男のようすを気に留めてじっと注視している女の一対の目があった。奥の住戸で父親とふたりで暮らしている出戻りの娘である。惚れているのかもしれない。しかし、男に注がれた女の視線にはたんなる好意だけではない深い懸念の色が見えた。女はその場に溶けこまない男の偏屈な片意地を心から心配している気配だった。

世のなかのことは、誰も気づかないと思っていても、必ずどこかで誰かが見ているものである。その寄り合いでの、暗い男と出戻り娘とのふるまいは、生まれながらにして「見る目嗅ぐ鼻」の素質たっぷりな長屋女たちに見すごされるはずはなかった。なにしろ、人の噂話が死ぬほど好きという手合いのことだから、たまったものではない。

平左衛門・初の心中事件は一月も経たないうちに過去の語りぐさになったが、替わり合ってこんどは謎の独り者と出戻り女の話題が新しいゴシップの材料になった。長屋の女たちは、詮索好きで好奇心剝き出しなものの、根は善良なおせっかい焼きだったから、あわよくばこのどちらも縁遠い男女をくっつけようとまで勝手に先まわりしているにちがいなかった。

社会を揺るがすようなできごとは、いったん起きたとなると、なぜか立てつづけに起きるものだ。元禄末年のこの時期、世を挙げて大きな話題になっていたのは、のちに「忠臣蔵」の名で有名になる赤穂事件の噂だったが、しがない庶民の身のまわりでも、けっこうびっくりするようなニュースに事欠かなかった。

ちょうどそのころ、蜆長屋の外では驚天動地の奇怪な事件が次々に発生しておおいに世間を騒がせていた。「髪切り」の横行である。黒髪自慢の町屋の女房や年ごろの娘が夜道で襲われて髪の毛を切り取られた。髷を全部すっぱりやられたという手際のよい犯行もあったが、たいがいは道をすれちがいざまに後ろ髪の一部を掠《かす》り取られたたぐいである。被害話はとかく針小棒大に言ったほうがよく広まるものだから、夜道を歩いていた女がことごとく丸坊主にされたというように尾鰭がついて世に伝わる。

範囲も町方だけにとどまらず、武家の女房にも飛び火した。夜、お忍びで屋敷に帰る途中でやられたのである。キツネが人を化かしたとまことしやかに説く者もいた。けっきょく、誰のしわざとも知れなかった。が、不思議なことには刃物が使われたにもかかわらず、ひとりも人死には出なかった。怪我で血が流れたという話も聞かなかった。それが誰であれ、犯人は血を好まないらしかった。

「髪切り」の横行は世間でこんなに大騒ぎになっていたが、意外なことに、蜆長屋ではあまり話題にならなかった。例の長屋の女房連は、自分が被害者たちとは少し人種が異なることを本能的に察知していたにちがいなかった。切られる髪は女性の頭に生えていればよいというものではない。カラスの濡れ羽色であるとか曰く言いがたい艶《つや》があるとか勝手な注文があって、ウチラの髪の毛のように赤茶けていたり、縮れていたり、スズメの巣のようだったりというのは、あまりお呼びではないとよくわかっていたのである。

「髪切り」の事件は、真実を語れば、けっして蜆長屋と無関係ではなかった。現に、この年の早春、まだ橋本平左衛門も岡本喜八郎も長屋に入居していない時分、長屋の敷地の片隅で、謎の独身男と出戻り娘がひそひそ声で話しこんでいるのが見られた。男は松五郎という通り名であり、女はお初といった。例の『曾根崎心中』のモデルになった心中事件が起きたのは翌年のことだから、もちろん無関係だ。当時は女子に「お初」と名前を付けるのが流行っていたのだろうか。

いわゆる木の芽どきだった。衣《ころも》更えにはまだ早かったから綿入れを身に着けたお初はほんのり汗ばみながら、裏手の路地にひとり佇んで松五郎が自分の部屋から出てくるのを待った。待っていろといわれたわけではない。毎日のように松五郎の習慣を観察して、いつも夜のこの時間には共同の後架《こうか》（便所）へ用足しに出ると見当をつけ、今夜は先刻から待ち受けていたのである。

松五郎は一瞬ちらりと不審げな目を向けたが、ただ黙って会釈しただけで小便をしに入っていった。寡黙な男なのだ。用をすませて井戸で手を洗う。その後ろに立っておずおずしていたお初はやがて意を決して声をかけた。

「松五郎さん。ちょいといいかえ」

「?……」

相手は無言のまま怪訝《けげん》そうにふりかえる。別に拒むようすではないのに力を得て、

「うち、おまえさんにチト大切な話があるんやけど、聞いておくれか?」

「えろう真面目顔やな。なんの話や」

「転合《てんごう》でいうのやあらへんで。神ぞ神ぞ本気で訊くのやけどな。……お前さん近ごろ、なにか悪さをしてへんか?」

「いきなりなにをいうんや。なにもしてへん。それに第一、わごじょにそないなことを訊かれる筋合いはおまへんで」

「なるほどお腹立ちはもっとも。じゃが、うちかて、よほどの事がなければこないな話はいたしまへん。これは立派に証拠のあること」

「そりゃまたどないな?」

「話をしてもよろしが、ここでは人の耳に入ります」

「そんならわしの家へ行こか? 誰も聞く者はおりまへん」

松五郎の顔に初めて真剣な色が浮かんでいた。お初もなにか覚悟を決めたという引き締まった表情で、ためらいなく後について松五郎の住戸の軒をくぐった。いくら出戻りでもまだ若い

女の身空で、独身男の一間きりの家に入るのは、なかなか大胆なふるまいであったが、今夜のお初の態度にはどこか有無を言わさぬ気魄があり、松五郎もそれを感じたからこそ、お初をわが家にいざなったにちがいなかった。

その晩、お初が話したことの内容は、一口にいえば、松五郎を問い詰めたことに等しかった。お初は最近の一連の「髪切り」が松五郎のしわざだと思っていると告げたのである。「だからというて、お上にお恐れながらと訴え出る気持ちはさらさらない。そのことやったら安心してくれて大丈夫や。別に人を殺《あや》めたわけでなし。うちらは同じ長屋から縄付きを出すつもりなぞ金輪際《こんりんざい》あらしまへんえ」とまで、お初は言いきった。

それなのに面と向かって憚りのあることをズケズケ言うのは、松五郎の身のなりゆきが心配だからだ、とお初は一所懸命にいった。「そりゃ松五郎さんはうちなぞに洟《はな》も引っかけはするまいけれど、うちのほうでは松はんのことがずっと気がかりだったんえ。今してはるようなことはいつまでも続けられるもんやない。必ずいつかは捕まります。罪になります。そしたら、おまえさん、どうなさるおつもりだえ？」

目にうっすら涙さえ浮かべて懇々と諭《さと》し、また切々と説くお初の言葉には、まがうことなく真情があふれていたので、さしもかたくなな松五郎の強情の壁も揺らぐかと思われたが、しかしなお自分が「髪切り」であることを頑強に否認した。

「言いがかりや」「なんぞ動かぬ証拠でもあるんか？」

の一点張りだ。

この人は意地を張っている。お初は溜息を吐いてとうとうこういった。

「ほんならいうけどな。最初におまえさんの素振りがおかしいと言い出したのは、この長屋のお吉さん（金棒引きのひとり）や。おまえさん、十日ばかり前、井戸端でなにか洗いやしなかったかえ？」

「え？　どないしてそれを？」

「お吉さんが後架に入ってたんや。あんまり一所懸命に洗うてはるから出るに出られへんさかい、しかたのうおしまいまで見てはったそうや。月明かりでよく見えたそうなが、松はん、おまえさんは女の髪のようなものをごしごし洗うていはったそうやないの」

「まさか、そないなものを！」

「お吉さんは気のいい人だから、そう見えたのはたぶん自分の目のせいで、半纏《はんてん》の汚れを丹念に取ったのやろぐらいにしか思わなんだが、うちはなにやら胸騒ぎがして、その翌《あく》日、自分で井戸端に行って見ましたわいな」

「それで？」

「それで、自分の目で確かめました。洗濯場の板張に、このあたりではついぞ見かけぬ、ながーい髪の毛が引っかかっておりましたぞえ」

「さあ、それは」

「まだ目の狂いやと言わはるかえ？」

「うーん」

それきり松五郎は黙りこくってしまい、お初がなんといおうと自分の殻に閉じこもってしまった。宥《なだ》めようと賺《すか》そうと沈黙したまま返事をしない。いかに辛抱づよいお初もこれには手を焼き、とうとう今晩中に埒《らち》を明けることを断念する他はなかった。もとより町役人に訴え出て表沙汰にする気はなかった。お初としては、松五郎が人にしっかり見られているという現実を肝に銘じて、今後のふるまいを慎んでくれればそれでよかった。

見れば、松五郎はお初の話がだいぶこたえているようすだった。今晩、勇気を奮って言いにくいことを口に出しておいてよかった、とお初はしみじみ思った。どうやら、当初の目的は果たされたようだった。そろそろ退きどきだと女のカンが告げていた。

「あんまり遅くなると人が怪しむから」といってお初があわてて帰っていった後、ひとりになった松五郎が取った行動は奇態だった。

土間へ下りて、お初を送り出した障子戸をぴっしゃり閉め、厳重に心張り棒を支《か》う。誰も見ていないのを確かめると、ふたたび板の間に上り、何枚かの揚板を取りはずして床下にある収納庫から細長い包みをいくつか引っ張り出した。そこでは暗いので、奥の四畳半にもち運び、行灯の弱い光にぼんやり照らされている畳の上にそれらを並べる。なくなっていないのを確かめて安堵し、ほっと吐息を洩らした松五郎が、まるで愛撫するかのように慎重な手つきで包みを開いて取り出したのは、どこでどうやって手に入れたのか、黒々とした髪の束だった。

四畳半のさらに半分は、汚らしい万年床になっている。男はそれに潜りこみ、しばらく髪の束に頰ずりしていたが、やがて身も世もあらぬ体《てい》で布団を蹴飛ばしたかと思うと、手で大切そうに握りしめていた黒髪を揉みほぐして自分の股間にあてがい、褌《ふんどし》をはずして膨れ上がった一物に巻きつける。ゆっくり指を動かす。ややあって歔欷《きょき》（すすり泣き）とも随喜ともつかぬ奇妙な音声が男の咽喉から洩れはじめた。

長屋の朝は早い。日頃おしゃべりな嬶《かかあ》たちも早起きだったが、その翌朝、井戸端では、長屋の誰よりも早く起き出してなにかを熱心に洗っている松五郎の姿が見られた。

その日からしばらく経った。松五郎とお初はあれからなんとなく互いを避けるようになった気味合いで、長屋でもあまり顔を合わせる機会がなかった。ふたりにはそれぞれ自分で片づけねばならない仕事があり、それなりに忙しいようすだった。

お初は特別な内職をもっていなかったが、信心深い父親といっしょに、しょっちゅう寺参りに出かけていた。生玉の玄徳寺にある観音堂に参詣しているという話だった。親娘で観音さまに願をかけているらしかった。松五郎にも定職はなく、自分では「万　請負《よろずうけおい》」と称して頼まれたことならなんでも引き受ける、いわば便利屋を稼業にしていた。たいがいのことなら器用にこなしたので、人びとに重宝され、けっこう繁盛していた。

うわべでは、なにごとも起こらない日々がすぎていった。長屋の一日は、毎朝例の三人嬶の変わらぬ井戸端会議から始まり、黄昏《たそがれ》どき、仕事に疲れた亭主たちの帰宅で暮れる。しかし松五郎の心の底では、どうしても消しがたいひとつの夢想がまどろみつづけていた。いつの日か、自分は「究極の毛髪」にめぐり会うはずだという予感。というより期待感に引かれて松五郎が思い立ったのは、当時の大坂で、なんでも見つからないものはないという評判の長町《ながまち》に探しにいくことだった。

夏のある日の早朝のこと、松五郎はわざと貧しげな身なりをし、緊張した面持ちで自分の長屋からそう遠くない長町まで歩いていった。長町は、道頓堀川に架けられた御公儀の日本橋《にっぽんばし》から南へ一直線にのびた長い町で、一丁目から九丁目まである。古来から貧民の住む地域として知られていた。南のはずれの今宮村から長町の筋に足を踏み入れて、たいていの貧乏暮らしには馴れているはずの松五郎も驚いた。

危なっかしい家屋が支え合うようにひしひしと立てこみ、ところどころに木賃宿《きちんやど》めいた旅籠《はたご》屋《や》が混じっている。まだ朝が早いのに炊事の煙があちこちで立っている。葭簀《よしず》で囲われた露台に並べられて、惣菜になる物がいろいろと売られている。陋巷《ろうこう》では朝食も早いのだ。

泥のついた野菜だのやや古びた果物だのがうずたかく積まれた隣には、薪の束や切り炭。塩魚の一盛り、シイラやマグロの切り身、イワシの一皿、なにかの焼き魚などが無造作に並んでいる。ゴザの上に置かれた物もある。蠅が飛び交うが誰も気にしない。漬物の匂いがぷんぷんするのはその辺の小家で作っている茎漬が即座に売られるからだろう。

このあたりには思い思いの手内職に励む職人が多かったが、よそへ働きに出る人びともいて、その姿《すがた》恰好《かっこう》はびっくりするほど多種多様だった。年を取った盲人が竹杖にすがり、もう一方の手を十一、二の子どもに引かせてよろよろと歩いてくる。足萎《あしな》えの法師の、元は坊主頭だったが、いまでは胡麻塩の頭髪がぼうぼうと伸びたのが、汗まみれの衣がはだけて生白い胸の肌が露わになるのもかまわず、口でなにかをぶつぶつ呟きながら道をいざっていく。どちらもいずれ船場界隈の大道のどこかに陣取ってかなり実入りのよい物乞いをして稼ぐのである。

なかでも松五郎の目を引いたのは、前夜の業務を終えて、これから稼ぎに出る男たちとは入れちがいに、北のほうからねぐらに帰ってくる辻君《つじぎみ》（街娼）たちだった。五、六人群がっていた。黒髪を手間のかからぬ下げ髪とし、夏らしい単衣物の襟には首筋の濃い白粉が汗に溶けてべっとりと貼りついて夜の奮闘ぶりを思わせたが、全員いたって陽気で、歯のちびた足駄をがらがらさせて、にぎやかに談笑しながら松五郎とすれちがっていった。

めざす家は表通りから一筋引っこんだ一角にあった。みすぼらしい長屋をさらに奥のほうへまわっていくと、入口の軒に暖簾《のれん》の代わりに藁莚《わらむしろ》の下がった裏店《うらだな》があった。

内部は、仕切りの壁を取り払って二戸分を一間にした作りで、土間がやたらに広かった。松五郎は小腰をかがめてなかへ入り、とりあえず奥の畳の上でふんぞり返っている男に会釈する。ひとりだけ半纏を着ていて、一座の頭分《かしらぶん》らしかった。話のなかでは周囲から「親方」と呼ばれていた。土間から一段高い板の間にも二、三人が腰を下ろしている。なにかの寄り合いがなされている最中と見えた。

見ていると、男たちは一人ひとり土間から段の上に上がって次々と頭分の前に進み出、傍らに控える後見の手を借りて、それぞれがもってきたなにかの代物《しろもの》を親方の前に置く。親方はそれを手に取って調べることもあるが、多くはただじろりと一瞥《いちべつ》しただけで即座に「〇〇文」と値を付けた。おそるべき迅速さであった。その金額にたいしては誰ひとりとして異議を唱えず、取引は能率よく片づいていった。

なるほど、これがあの評判の「長町の泥棒市《どろぼういち》」というものか、と松五郎は感心する。かねて聞いていたとおり、ここで取り引きされている代物はすべて盗品らしかったが、その種類の多さには眼を瞠《みは》るばかりだった。小袖、帯地、帯留、財布や鼻紙袋、小物入れ、扇子、唐傘などはまあ尋常だったが、革の破れた鼓とか火吹き竹同然の尺八とかは使い途に首を傾げさせたし、片一方だけの下駄にはただただ呆れた。それでも不思議に価格が定まって親方に引き取られるのである。

見る見る集まっていた人数が減って、あとには松五郎ひとりだった。親方は訝《いぶか》しそうにこちらを見ていたが、すぐ側で物品をあらためていたお付きの男になにか囁《ささや》いた。男はうなずいてすうっと松五郎に寄ってきた。

「兄《あん》さん、初めての顔やけど、なんぞ売りに来はったんか?」

「へえ、これが売り物になりまっしゃろか」

ほんとうはむしろ髪を手に入れたくてここにきていたのだが、近づいてきた男の剣呑《けんのん》な顔つきを見て咄嗟《とっさ》に、こりゃこの場に話を合わせておいたほうが無難だと判断した。本能的に危険を察知するカンであった。側にきた男がやや警戒心をゆるめたようなのに、松五郎は来がけから懐に入れていた髪の束を手渡す。

「なんや、これかいな。チト待ちいな。いま見てもらうさかい」

だが親方は、代物を一目見るなりにべもなく押し返して無愛想にいった。

「駄目やな。こないちょっこりでは鬘《かつら》にならへんし、こないな毛からは下かつら（陰毛ウイッグ）も作れへんわ。半端なんやな」

取りつく島もなかった。自分がつねに崇拝しているものを、あけすけに悪くいわれて松五郎は怒りがこみ上げるのを感じた。

「違《ちゃ》う！　これはそないに金勘定できるもんとちゃう！」

と叫びたかったが、場所柄を考えてじっと我慢し、黙って髪の束を取り戻した。後はむなしく自分の宿に帰るしかない。目当てにしていた「究極の毛髪」は音に聞く長町でも見つからなかった。

五

その後長屋では橋本平左衛門の心中騒ぎがあり、ふたりもそれぞれに忙しかったが、それから九月になったある夜、松五郎は突然「話がある」とお初を呼び出し、ふたたび長屋の一間で向かい合っていた。なんの話だろうとおずおずわくわくしているお初に、松五郎は思い詰めた顔でぶっきらぼうに口を開いた。

「お初さん。すまん。あないに優しゅうに言うてもらったけど。わし、やっぱりあれがやめられんわ」

「あれいうたらなんのことや？」

「よしにせいや。わかっとるくせに。この前さんざ叱られたあの悪い癖や」

「なんでやめられへんの？」

お初も真顔になって応じる。思わず叱責の口調になったが、内心はむしろ同情心でいっぱいだった。口先ではことさらに軽い調子を装っているものの、実際には親身になって相手を気遣っているのがありありと目顔に見える。それにほだされ、松五郎もいつになく素直になって、長い間、自分の心ひとつに深く閉じこめてきた暗い秘密をお初に明かす気持ちになったのだった。

松五郎はぼつりぼつりと問わず語りにしゃべった。長年胸に閊《つか》えていたかたまりを絞り出すといった感じだった。

自分は物心ついてからこのかた、生来としか思えない奇妙な性癖に悩まされてきた、女の髪が異様に好きなのだ。それも、女の黒い毛を見ると、むらむらと淫欲が起きるという尋常な部類ではない。毛髪そのものが淫欲の対象なのだ。毛とつながっている、つまり毛の奥にある御本尊は、嫌悪とも恐怖ともつかぬ拒絶反応を起こさせる。——こんな内容のことを、松五郎は口重く訥々《とつとつ》と、また独特の語彙で告白した。

「なあお初さん、おまえは一度は嫁に行った身やからわかるじゃろけど、わしゃ、昔の女房にそれで逃げられたんや。向こうが股ア広げてるのにこっちは勃《た》たへんありさまや。女房は呆れて出ていきよった」

「あらま」

ざっとこんな調子なのである。お初は多少辟易《へきえき》しながらも、顔を赤らめもせず、辛抱づよく、それをおしまいまで聞いてやった。話し終えた松五郎は間が悪そうに沈黙する。こんどはお初が硬い表情になり、意を決したように口を切った。話を聞いていたときとちがって、眼は伏せたままだった。

「ありがとな、松はん。話しにくいことをよくうちみたような女に打ち明けてくれはりましたなあ。じつはうちにもずっと人に隠してきたことがあるんや。おまえには話しておこ思うけど、松はん、他の人には黙っていておくれよ」

「もちろんや」

「きっとやで」

「もちろん、言うたやろ」

「ほな、いうけど、うち少し身体がぶがんい（不具）なんや」

「え？　どこが？」

「めったに親にも見せへん場所や。……松はんにはわかるやろ？」

「うーん。わかることはわかるけど、それから先はとんとな。なんでも、お初さんの最初のご亭主はお前さんに去り状をよこした（離縁した）そうな、とは聞いたけど」

「それもうちのぶがんいのせいなんや。初めての床入りの晩、なんどもなんども試した後、とうとう婿さんがえろう怒り出しはって、『お前は小町や。人並みの身体やない』と怒鳴り散らして出ていかはりました。それきり不縁になりましてん」

「…………」

松五郎は絶句した。お初は話しながら口惜し涙をにじませている。松五郎も意外な身の上話の展開におろおろするばかりだった。なんといって慰めたらよいかに困った。かねて男だけのバカバナシの席で聞いたことはあるが、まさかその実物と出会うとは思っていなかった。なにか言わねばといくら焦っても、どう応対したらよいやら咄嗟には思いつかず、ただただ動転するしかなかった。

「小町」というのは、なにも絶世の美人といって褒めたのではない。最近では廃語になっているが、江戸時代に通用した言葉で、「戸立て」「鼓」「閂発《かんぬきぼぼ》」とも。もっと露骨に「穴なし」

ともいわれる。近現代では「お皿」などとも無遠慮にいうそうだ。医学用語にいわゆる「膣閉鎖」を意味する隠語である。昔、小野小町《おののこまち》があまたの男の求愛を退けたのは、じつは小町にあの穴が開いていなかったからだという広く流布した俗説にもとづく。

いまやお初は畳に泣き伏していた。松五郎はなすすべなく黙って背中を撫でてやるほかはなかった。実際、松五郎にはお初をどうしてやることもできないのだった。これが並の男だったら、力強くお初を抱き起こし、抱きすくめて、たとえ「おまえといっしょになる」とまでは言わなくとも、「おまえがなんの不具なものか」と耳元で囁くぐらいのことはできただろう。しかし、松五郎は自分もふつうの身体ではないと告白したばかりで、自分が無力であることをよく知っていた。

「お初さん、堪忍してや。ほんまいうたら、いますぐお前を抱きたいんや。じゃが、例の病気で、わしの因果骨《いんがぼね》（陰茎）がさっぱり役に立たへんのや」

「なにを言わんす。そりゃおまえさんが悪いのじゃない。きっとなにかの因果やろ」

「そないに言うてくれたら、わしも本望や。わし、ほんまはおまえが思うとるほどええ加減な男ではないのやで。そりゃ、早水さんや橋本さんみたように忠義一途に思いつめていはるのとはちがうけど。わしにも一筋なところがあるのや」

「おまえさんは一本気なお人や思うてました」

「ありがとな」

「松五郎はん、好きやえ」

「わしもや。いままで言う折がなかったけど」

「うち、もいちど観音さまにお願いしてみるわ。おまえと添い遂げられますように、おまえの妙な癖が無事に癒りますように、観音さまに水垢離《みずごり》取って願かけるわ。百日の穀《こく》断《だ》ちでも、お百度参りでも、うち、必ずやり遂げるわ。松はん、きっと待っていておくれやす」

お初は遠くを見据えるような目つきをして言った。その気魄に打たれて、傍らの松五郎も素直に仏菩薩にすがる気持ちになったのだった。

さっそく翌日の早朝から、長屋の井戸端では白衣を着こみ、釣瓶《つるべ》で汲みあげた水を頭からざぶざぶ被っているお初の姿が見られた。季節はそろそろ冬にかかろうとしていて、水は日に日に冷たくなってゆくので、いつまで続くかと金棒引き連の目は厳しかったが、初はめげるようすもなく頑張った。そのうえ、精進中は家族とも別火《べつか》にするならわしどおり、お初は父親と起居をともにせず、長屋から姿を消した岡本喜八郎の後宅でひとり暮らしを始めていた。松五郎はもちろんあいかわらずの独身世帯で——いうまでもなく精進期間に男女が同衾《どうきん》することはできない——、こちらは酒断ち・煙草断ちしてお初に協力しているらしかった。

元禄十六年の春が明けた。

前の年は多事であった。暮れの十二月十四日の深夜、大石内蔵助以下四十七人の赤穂浪士が、江戸本所の吉良上野介邸を急襲して仇討ちの本懐を遂げた。その後諸大名家にお預けになった浪士たちの運命はまだ未知数だったが、蜆長屋では以前ふたりの浪士が入居していたこともあって、全員が赤穂浪士贔屓だった。しかし、長屋一同の主な関心事は、もっと手近な事柄——双方がまんざら嫌いではないお初と松五郎をなんとかしてくっつけたいものだというおせっかい——に向けられていた。

年の暮れも押し迫った二十八日、急にお初の姿が長屋で見られなくなった。どうしたのだろうと一同は心配したが、父親は「満願が成就したお礼参りのついでに観音堂でお籠もりをしている」と説明した。けっきょく大晦日には戻ってきたが、参籠の疲れが出て年始には少し養生するという話だった。

三が日も過ぎてまだ松は取れなかったが、長屋の男たちが日常の生業を始めたころのある晩方、すっかり元気になったお初が突然、世にも晴れやかに笑み輝いて松五郎のもとにあらわれた。

「松はん。喜んでおくれな。精進が明けたわいな。うち、今夜からここへお嫁にきて、かましまへんかえ?」

そう一息にまくし立てると、お初は松五郎の返事も待たず、忙しく身体を動かして自分の部屋とのあいだを何度も往復して所帯道具を運んできた。松五郎が口を挟む暇もない手際のよさだった。

あっというまにそれまでは埃っぽく薄汚れていた男のひとり住居はバタバタと片づけられ、

きちんと落ち着いた夫婦者の世帯らしい外見になった。椀や皿小鉢などの食器はお初がもってきたばかりの水屋に納められた。そして四畳半を占拠していた万年床はきれいに取り払われ、部屋の隅に腰屛風で囲われた区域に折り畳まれて整頓されており、その上にお初の持参品らしい色物の夜具が重ねられていた。

戸外はだいぶ寒くなっていたが、四畳半に置かれた目慣れぬ年代物の火鉢では炭が真っ赤に熾《おこ》され、日ごろ冷たい外気に馴れた松五郎の肌にはむっと感じられるほどだった。

新所帯を始めるといっても、なにも祝言《しゅうげん》をするわけではない。ふたりがくつろぎながらもどこか緊張気味だったのは、これからふたりを待ち受けている大切な試練があったからだ。

夜が更けて、いよいよ床に入る時刻になった。松五郎が驚いたことには、お初はいそいそと布団をのべ、こちらへ背を向けて手早く昼の着物を脱ぎ、さっさと床へ潜りこんだ。

「松はん、見てえな。うち、観音さまにお願いしてうちの身体に宿ってくれはるよう頼んだんや。願いはかないました。松はん、これからは女を抱くんやない。観音さまが代わりに抱いてくれるんやえ」

こう言うなり、お初は大胆にも湯文字をはずし、仰向けに横たわって裸身をさらけ出していた。見れば、白い腹一面に青黒く太い線描で観世音菩薩の尊像が彫りつけてあるではないか。

観音像を彫るといっても時代はまだ元禄だから、後世の天保期ごろから盛んになった色彩豊かな華麗な図柄のものではない。墨一色で簡潔にデッサンされたかのような観音像は野仏によくある稚拙なアルカイック・スマイルを湛えていたが、その姿態は世にも奇妙な恰好をしていた。咽喉元から鳩尾《みぞおち》にかけて宝冠をいただいた観音の頭部があり、双の乳首は像の輪郭外にあったが、その胴は臍をお初と共有しつつ下腹までほっそりと伸び、股の付け根にかかる蓮華座に坐していた。陰毛というより「陰叢《いんそう》」と造語したくなるものが蓮華座をほとんど覆い隠し、あたかも観音が両の腕《かいな》をさしのべて、掌いっぱいにおぐらい毛塊を捧げもち、もったいなくもおんみずからの股間を隠したまうかと見えた。

女陰の形はまるでなかった。

松五郎が嫌悪し、恐怖したあの凶々しい形状——突起物や裂け目——は、いっさい見えなかった。

横になったお初の腿の奥には乏しい行灯の光が届かず、ただ陰翳がその密度を濃くしていった。その部分では心地よく湿った苔の蓐《しとね》だけが男の来訪を待ち受けているにちがいなかった。

「これ、どこで彫ったんや?」

「長屋の平造はんに相談したんや。平造はん、ちいと考えて、『できないことはないが観音さんは初めてや。でも、できないことはなかろう。功徳にもなることやし』と言うてくれはった」

「痛かったやろ?」

「思うてたほどやあらへん」

松五郎は身体を重ねた。先端で探るとあたたかな窪みが受け入れてくれる。最初は静かだに身体を動かすうちに、濃密な繁茂はしだいにしっとり潤って柔らかに男の物を押し包み、……とうとう下のお初が背中にしがみついてうわずった声を上げた。

「あ、あ、あ、あ、松はん、うち行くぞえ、行くぞえ」

上では松五郎が一生分くらいの粘液をどっと放出しながら、声を合わせて、

「南無《なむ》観世《かんぜ》妙音菩薩《みょうおんぼさつ》遍満《へんまん》!」

曾根崎の女

一

神戸に未曾有《みぞう》の地震があった年のことであった。

地震から何ヵ月か経ったある日、大阪の梅田で集まりがあった。ようやく神戸〜大阪間のほとんどの鉄道が復旧したころで、人びとは久しぶりに動き出した電車に嬉しげに乗っていた。なんの集まりだったかよく覚えていない。筆者《わたし》はそのころまだ大学に勤めていたから、たぶん学科のメンバーが一堂に会して安否を確かめる趣旨の会合だったように思う。ともかく幸い全員が無事だったとわかって、一同みな安心したことであった。

その後、気の合った連中と飲んでまわった。この界隈で飲むのはもちろん初めてではないが、なんといっても地震後盛り場に出る最初の機会だったので、筆者は心がはずむ思いだった。人びとがふつうの服装で歩き、ふだんどおりに会話し、酒を酌み交わすいわば日常の眺めがひどく珍しかった。

なにが珍奇だといって、ここ梅田ではビルディングの建物がちゃんと垂直に地面から立っているのが不思議だった。それまで神戸では建物がみな傾《かし》ぎ、それぞれが思い思いの角度で頭を寄せ合っていて、垂直も水平もいっさい無視した不定形なシルエットを見馴れていたのだ。人間の目も慣性法則にしたがうものだ。いま目にする倒れも崩れもしない大都会の情景は、むしろシュールに感じられ、かえって不安になるくらいだった。

その晩なんとなくまっすぐ帰りたくなくなり、ずるずる飲み明かす結果になったのも、そうした奇怪な心理のなせる業にちがいなかった。

バーからスナック、それから縄暖簾の赤提灯、さらには路傍の屋台店と飲み場所が移ってゆくうちに、つきあってくれる人数はだんだん減り、気がつくと筆者は曾根崎の南、お初天神鳥居前の石段に腰を下ろして誰かを相手にしゃべり立てていた。それが誰だったかはさっぱり思い出せない。また、座っていたのがほんとうに石段だったかどうかもきちんとは覚えていない。もしかしたら神社を囲む土塀の外側で、ただ道路の舗石にしゃがみこんでいただけだったかもしれない。どちらにしても正確な記憶はたどれない。

もう夜はだいぶ更けていた。というより、まもなく初夏の明け方に近い時刻だった。どんな盛り場でも、まっとうな市民は知らない消息だが、どこからともなく闇のなかからあらわれて街区に出没する一群の素性不明の種属がいる。この辺にやたらに多い零細飲食店の従業員だの、始発電車を待つサラリーマンだの、その連中を狙う客引きだの、この時間帯に町にあふれるコンビニの廃棄物を狙う路上生活者だのといった雑多な人びとが寄り集まり、お互いに相手を詮索せず、やがて夜明けの光がさすころにはいつのまにか散っている、得体の知れない奇妙な集団だ。

筆者はその仲間と思しいひとりの女と隣り合わせて座っていた。しばらく前から話しこんでいたらしい。身なりもはっきりとは思い出せないが、粗末な和服のようなものを着ていたようだった。なにをしゃべっていたかも覚えていない。が、身近に擦り寄っている女の汗と垢と白粉が混じりあった奇態な匂いが印象に残っている。最初は多少鼻についたが、慣れるとけっして不快な体臭ではなかった。

年齢は不詳というところか。声音はいたく老成していたが、たわいないおしゃべりのふしぶしから蓮っ葉な若い女の生地が隠しようもなく漏れ出ていた。

「ナンボの齢《とし》や思うてるやろ？　あて、こう見えても、着る物をちゃっと着て、髪ィつくろうたら少しは見られるのやで」

こちらの内心を見透かしたように女がいった。一瞬ぎょっとして狼狽する。この女性は意外に若いのかもしれない。かすかに萌していた好色心を見抜かれたのだろうか。

「いやいや、いまのままでもお綺麗ですよ」

「まあじゅんさいに言わはるわ。お口がお上手なこと」

女はそう言い捨ててひらりと立った。その動作につられて、筆者も立ち上がる。

「よろしうおしたら、ちょいとそこまでおいでにならへん？」

「そこって、どこですか」

「天神さまや。すぐそこにお社《やしろ》があるやろ？」

女の指さす先を見ると、鳥居の奥にさっきから目にしているお初天神の社殿があった。あるに決まっていた。が、それは昼間見たものとはどこかちがっているようだった。御幣《ごへい》を飾った太い注連縄《しめなわ》越しに見馴れた拝殿がある。奥まった社殿は、檜皮葺《ひわだぶき》の屋根、お定まりの千木《ちぎ》・鰹木《かつおぎ》、千鳥破風《ちどりはふ》といった日ごろの外見はそのままだったが、いま見る社殿は心なしか古びていて、くすんだような、潤ったような色合いを帯びて感じられた。いや、それ以上に、目前の視界そのものがこまかく震動する光の靄《もや》に包まれているような気がした。靄っぽければ、ふつうなら視界はもっとぼやけるはずだが、今夜ばかりは事物がかえってくっきりと映ずるのだった。

「天神さまって、お初天神のことですか」

「そないな名ァ知りまへんわ。あてらは露の天神いうてますさかい」

筆者は、妙なことをいう女だと思って顔を見た。「露の天神」とは、お初天神の古名ではないか。現在でもこの神社の正式名称ということだ。もしや今でもこの界隈ではそう呼ぶ習慣が残っているのだろうか。女はどこか近くに住んでいて、夜な夜なこの辺で稼ぎに立つ暮らしを送っていて、今夜も仕事部屋にしている安ホテルへ筆者を誘おうと水を向けているのではないか。

ありえないことではなかった。まんざらその誘いに乗らないでもない気がなかったといえば嘘になろう。なにしろ、その夜はどんなことが起きても驚かないキテレツで破天荒な夜だったのだ。女はこちらに委細かまわず、

「昔あったとおりの露の天神さまを、見てもらいたいのどす。境内も今はぎょうさん変わってしもたさかい」

「まるで昔をご存じだったみたいですね」

「知らいでかいな。天神の森は、あてらのしんでる場所ですさかい」

告白するが、筆者はこのとき女の言葉をすっかり聞きちがえていた。変なふうになまっているなあと思っただけで、女は「住んでる場所」といったとばかり信じこんでいたのである。そうではなくて、いかにもさりげない調子で口にされたので不覚にもうっかり聞き落としたが、あとになって考えれば、あれはもしかしたら「死んでる場所」といっていたのではあるまいか。

だが、そのときはてっきり「住んでる場所」だと思いこんでいたから、その夜の以後の会話はずいぶんチグハグなものになっていたことだろう。

「ほら、ここに古い井戸の跡があるやろ。昔からここにあって毎年梅雨《つゆ》の季節になると水があふれたいう話や。そやから、ほんとは梅雨の天神かもしれへんな」

社殿の脇を通って裏手に廻る。別にこちらの相槌を待たずにひとりでしゃべりながら、女は先に立ってずんずん歩いていった。井戸の遺跡もあったが、面妖なことには、その周囲からは昼間たしかにあったはずの石の囲いが消え失せていた。頭がくらくらした。一瞬、戦慄に似た眩暈感にとらえられる。筆者は異界に足を踏み入れようとしていた。

境内の地所が一まわりも二まわりも広くなり、仰ぎ見る木々の梢もふだんより丈が高くなっているようだった。空気がにわかに密度を増し、落葉の堆積から立ちのぼる湿った匂いが鼻を衝いた。境内のあちこちを照らしていた電灯もこの時間にはむろん灯っていなかったが、あたりは間もなく訪れる曙の兆しとは異なる不思議な艶《つや》のある光に満たされていた。光子《こうし》の一粒一粒がくっきりと際立っているような感じだった。目に触れるものすべての存在感が強くなっていた。

昔、ここ曾根崎の地は淀川河口にできた砂洲の島であり、やがて岬に変わる荒れ果てた湿地であったという。人家は一軒もなく、島中を鬱蒼と茂ったクスノキとエノキの森が蔽っており、そのなかに一宇《いちう》の天神社があっただけだそうだ。

不意に、突拍子もない想念が頭に浮かんで筆者はその場に立ち止まった。

いま、眼の前に見ているのは、ひょっとしたら、昔の曾根崎の森ではないのか。自分はもしかしたら、見知らぬ時空系に迷いこんでいるのではなかろうか。

その気配を察したのだろう、女も歩みを止めて筆者の目をまっすぐに見返していった。

「そうや。あてはふつうの人間とはちがうのや。いつもはこの森の奥で静かに眠っていますけど、目が覚めると無性に人恋しうなって、今夜みたように人中に出たくなりますのや」

「こことおっしゃると曾根崎の森で？」

「あい」

「そんなら、あなたはもしやお初さん？」

「そないな名前で呼ばれたこともありましたわいな」

考えてみればありえない対話だったが、なぜか筆者は場面の異常さがあたりまえのように感じられて、話はごく自然に進んだ。

「そうですか。でしたら、徳兵衛さんはどちらへ？」

こちらには別にカマをかける気はなかった。だから、相手があまりにも素直な返事をしたのにはびっくりした。

「知りますかいな。あてが覚えているのは、真っ暗な森のなかで徳兵衛はんに咽喉笛《のどぶえ》を刺し通されてえろう痛かったことだけ。すぐ気ィが遠くなったから、その後のことはわからしまへん。徳兵衛はんがそれからどうなったかも全然知りまへんなあ」

この女性はちょっとツメタイのではないかという気がちらりとしたが、筆者はあえて黙っていた。筆者もじつは心中した後のふたりの死骸がどう葬られたかまでは知らなかった。心中者の死骸は取り捨てると定められたのはもっと後のことだが、またお初・徳兵衛をふたり並べて弔ったという記録もない。

二

お初・徳兵衛の情死後一年も経たないうちに、ふたり連名の墓が大坂中に五ヵ所も作られたそうだ（『曾根崎後日心中《そねざきごじつしんじゆう》 遊女誠 草《ゆうじよまことぐさ》』宝永元年［一七〇四］）。五つもあるとはかえって信用を落とす数字ではないか。正直なところ、大坂市内や近郊に散在するお初・徳兵衛の墓と称するもの――中寺町の久成 寺《くじようじ》とか八尾《やお》の大通寺《だいつうじ》とか――の信憑性を疑っていた。また、ふたりがどこに葬られたかを本気で考えたこともなかった。なるほど生前は相思相愛ではあったろうが、死後もそうであるとはかぎるまい。

「そういうご心境とは存じませんでした。ですが、そんなあなたがなぜ突然この世のなかに出現されたんですか」

「地震のせいやわ」

意外な返答だった。筆者はよほどトボッとした顔をしたにちがいない。女は苦笑しながら説明した。

「先だって神戸で大きな地震がありましたやろ、あのとき、六甲《むこ》の山も揺られて動いたし、地面の下も無体にひっくり返されて、墓所もなにもめったくたになったそうな。大坂では地べたの上は無事だったけど、地下はたいへんな揺れで死人もおちおち寝てられまへんわ。

そやから、起き出して来ましてんねん」

「この場所へ来る道があるんですか？」

「道？　あるもないもおまへん。あてはついこの先の、地面の下の深いところに埋められていたんやで。なんやえろう騒がしィ思うて起き出してみたら、目ェの前にポカリと大きな洞《うろ》が開いてました。その洞をくぐってきたら、いま、あてらのいるお社に立っていたんや」

「そうでしたか。時空の歪みを通ってこられたわけですね」

「そのジクウノユガミたらなんですのん？」

「失礼。こっちのことです」

「そりゃあてかて、変なところへ来てしもた思うてます。ここらのようすも元禄のころとはた、んと違うてますし、なにかと拍子が合いまへん。あて、どこにきているのやろか」

かわいそうにお初は当惑しきっていた。初めて遭遇したわけのわからぬ事態に混乱しているようだった。かく申す筆者とて、ある特異な条件の下ではこんなことも起こりうるとかねて聞き及んでいた程度だから、とてもお初に説明することなどできなかった。

一九九五年の大地震のときには、いろいろ常識では考えられない現象が次々に起きた。大揺れが納まった後、机の上の金魚鉢で泳いでいた金魚が引出《ひきだし》のなかで干からびていた。震動で鉢から投げ出され、机からひとりでに飛び出した引出に落ちこんだ後、引出がまた自然に閉まったとしか考えられない。

須磨寺《すまでら》では敦盛《あつもり》の石塔が垂直にジャンプしてまたまっすぐに落下したと見えて、地表にある底面の痕跡が微妙にずれていた。石塔を突き上げた地震波動の加速度が重力を上回ったのは明らかだった（もっとも、世界最大の地震加速度は、二〇〇八年の岩手・宮城内陸地震で観測した四〇二二ガルと記録されている）。

こんな具合にあちこちで考えられないような空間のひずみが出現していたのだから、強力な地震波が見えない地脈を伝って大阪へも達し、お初を長い眠りから揺さぶり起こしたとしても不思議はなかった。

もしかしたら、あの大地震にともなって時震とでも呼んでいい事象がある範囲で発生し、特定の地域では大規模に時層の堆積が攪乱されたらしかった。元禄末年と平成初年のあいだにはざっと三百年の歳月が挟まっている。それが一挙に無化されたのではない。激しい時震の結果、時間の乱丁が生じて、ちょうど地すべりで目の前の山が消え失せ、見たこともない景色が出現したかのように、前後関係の狂った時空に直面するわけだ。

通常の人間が生きる区域は一定次元の時間と空間によって制限されている——たとえば元禄年間の大坂一帯というように——が、ある特定の人びとには、ちょうど町角を曲がって横丁に入るように、ひょいと無雑作に次元を越えて別の時空に姿をあらわすことができるらしかった。

「ここは曾根崎ですよ。あなたがいらしたところにまちがいありません」

(それとも「生きてらしたところ」というべきなのだろうか。そんな取り留めのない考えがちらと頭を掠めたが、いまはそれに触れないほうがよいだろうと瞬時にカンが働いて、筆者は口を噤《つぐ》んだ)。

「でも、あてが知ってる曾根崎はこないに明るうはなかった。人もこないにおらなんだ。ちがうで。ここは曾根崎とチャウで!」

「でも曾根崎ですよ。あなたのころとはちがって見えるかもしれませんが……。あれからこの辺もだいぶ開けましたから」

「頭がどないかしてしもた。それともあて、夢でも見ているのやろか?」

「夢を見ているのはぼくのほうかもしれません。ぼくにもさっきから信じられないことばかりです」

「どないしょ? あて、どないしたらよいやろか?」

「……ぼくにもわかりません」

筆者は、すがるように真剣なまなざしを向けてくるお初の顔を見返したなり口ごもった。石段で声をかけてきたときの表情は、いかにも評判の遊女らしく自信たっぷりに見えたが、いまは、じつに頼りなげで、さっきの自信が一時の強がりだったことが見え見えになるのも気にせず、お初は無力で途方に暮れたようすだった。筆者は、急に萎れかえったお初の、もの問いたげな目を「美しい」と思った。

どうしたらよいかの答えは見つからなかったが、どうにかしてやらなくてはならないという思いばかりが募って筆者は心焦った。しかし、実際にできたのは、われながら不器用と知りながらも、並んで立っている女の肩に腕をまわして慰めることぐらいのものだった。信じられないことに、お初は別にそれを振り払いもしなかった。

肩にまわした腕に力が入った。なのに、ようやく頭に浮かんだ言葉は呪わしくなるくらい月並みだった。

「徳兵衛さんを探したらどうでしょうか」

返ってきた言葉は素直だった。

「そやなあ。やっぱり徳兵衛はんが頼りになるかのう。……けんど、あてらあれ以来会うてないし。心配やわ。徳兵衛はん、どこでどうしていはるやろ？　いまごろは噂に聞く三界の闇とやらをさまよっていはるのではないやろか？」

筆者は軽い嫉妬を抑えながらいった。

「これから探しに行ってみませんか」

「探すってどこを？　どうやって？」

「ひとまず警察に相談してみましょう。すぐ近くに曾根崎署があると思います」

お初天神の境内を出て御堂筋《みどうすじ》の東側の商店街を北に向かってずんずん歩く。アーケードの広告板に文楽人形のお初がペンキ絵で描かれていたが、当人は目もくれなかった。まっすぐに北上すれば曾根崎署のモダンな庁舎にぶつかるはずだった。が、今日ばかりは道がひどく遠く感じられた。昼間たしかに見たはずのビルディングが見当たらず、平坦な地面には青々と稲葉の伸びた田圃が夜明け近い微光のなかにうっすらと浮かんでいた。近くで水の気配がした。

しぶしぶ腕を引っ張られて歩いてきたお初が、急に軽い悲鳴を上げて立ちすくんだ。

「イヤやわ！　ここは梅田橋やないの。渡っていったら梅田の墓場やで。あて、こないな方角、行くのイヤや」

「梅田橋なんて橋はありませんよ。それに、この先にあるのはＪＲの大阪駅です。そこを目当てにしなければ曾根崎警察署へは行けません」

「そのぜーあーるたらなんですの？　けいさつしょいうたらなんですねん？　ちっともそっともわからへんわ」

「そ、それはですね……」

筆者は口ごもった。お初を無知といって責めるわけにはゆかない。三百年も前の時代の人間に現代大阪の地理を説明するのはどだい無理な話だった。かく申す自分だって、三百年も昔の女といきなり出会って四苦八苦している、この不可解な状況がなぜ起こったのかわれながら説明できないではないか。

筆者は気が焦った。眼の前のお初にゆえ知れぬ責任感を覚えていたのだ。別に面倒を見なければならぬいわれはなかった。しかし、どこにも寄るべのない身となって、この辺土に来合わせてしまったお初の姿は、いかにも心細げに見え、筆者になんとしても庇護してやらなくてはという気持ちにさせずにはいないのだった。

気は逸りながらもなにも言い出せずにいる自分が歯がゆかった。お初はその場に立ちどまったなり、言葉を促すようにこちらの顔を見ていた。その目にはあけすけに失望の色が浮かび、やがてだんだん光を失ってゆくのが気がかりだった。筆者は、いま目の前にいるお初はいったいどの程度リアルなお初なのだろうかといぶかしみながら、同時に心底お初をいとおしく思うという矛盾した感情を味わっていた。

だいたいこのお初が徳兵衛という男と心中したころの曾根崎だって今とはずいぶんちがっていたはずだ。心中現場も、事件の一年後に刊行された浮世草子『心中大鑑』（宝永元年［一七〇四］刊）中の「曾根崎の曙《あけぼの》」にある挿絵から見ると、こんな場面なのだ。

右上の隅に拝殿の屋根と鳥居が描かれているから露の天神社であろう。画面の中央下部の男女には「平のや徳兵衛」および「てんまやはつ」とそれぞれの名前が表示してある。心中場になった天神の森であろう。徳兵衛はお初の長襦袢《ながじゅばん》の胸倉を取って抜き放った脇差を咽喉に擬し、いざ切り裂こうとしているところだが、ふたりの表情にはあまり切迫感が漂っていないではないか。

それよりも目につくのは画面中央の上部から左方にかけて、相生《あいおい》のシュロの枝に――この樹種は当時よほど話題になったと見え、近松の詞章にも「棕櫚《しゅろ》の一木の相生を」とある――かけ渡したお初の衣裳である。紅葉散らし模様の小袖がきちんと畳まれ、高価そうな帯が巻きつけられている。これから死のうという場面におよそ似つかわしくない貧しい慎ましさ。ここには作者の心中観が図らずも露呈してしまっている。

おまけに、ちょっと気になるのが一篇を結ぶ最後の一文だ。

その夜にぬけて行く水の、梅田の橋のむこうなる、曾禰の森をけがしける。

「曾根崎の曙」（『心中大鑑』より）

「曾禰の森」とはいうまでもなく心中遂行の現場になった「露の天神の森」のことである。作者はそこで情死するお初・徳兵衛の行為を「けがしける」と表現しているのだ。昔ながらの血のけがれにたいするタブー意識があったかもしれない。作者がこのとき意識していた漢字が「汚」「穢」のどちらであったにもせよ、この男女の行為は神域の清浄さを汚瀆《おとく》したと感じている！

この地がのちに「曾根崎新地」と称されて繁昌したのは

宝永年間からのことで、開発以前は、蜆川《しじみがわ》という幅の広い川が流れていて大船が入るような場所だったそうだ。蜆川の由来もシジミがたくさん取れたからだともいうが、もっと有力な説としては、しだいに土地が開け、川幅も狭くなったので「縮川《ちぢみがわ》」といったのが訛って「蜆川」になったということだ。

お初・徳兵衛のふたりは、死に場所と定めた曾根崎の森をめざして梅田の橋を渡り、蜆川北岸の堤を踏んで、暁の鐘を聞きながら「影暗く風しん〳〵たる」天神の森にたどり着く。

この界隈がまだ開けていないころである。あたりは草の露がしげく、暗闇に人魂が飛ぶような陰気な湿地帯だ。対照的に燈火の明るい対岸の堂島新地からは茶屋の二階のさんざめきが聞こえてくる。こちら側はただ森の下風が身に沁みる。

名文をもって知られる『曾根崎心中』の道行文だが、道行とはけっきょく死に場所への歩みではないか。そこでなにが待っているというのか。心中する男女は、あたかも現世の娑婆世界で与えられた数々の苦患や煩悶が心中死体の悽愴、死に際の苦悶、断末魔の七転八倒などで償却されると信じているかのようだ。

現実の《情死する男女》は、致死期の正視をはばかる惨景、凄惨な流血淋漓《りゅうけつりんり》、歪んで硬直した肢体等々の死に恥をむしろ露出的に晒す。浄瑠璃はその文学史的前身として「本地物《ほんじもの》」――社寺に祀られる神仏の人間時代を叙述し、神仏になった由来を述べる宗教文学――の語りや説経節の母斑《ぼはん》をもっている。おおむね周囲の人びとから残酷なイジメや差別や迫害を受け、筆舌につくせぬ苦痛を耐え忍んだ者が――しばしば迫害者へのこれまた残忍な復讐をともなって——ところの神仏に生まれ変わるという物語が基本だ。いいかえれば、主人公たちが死後神仏として示現するためには、生前に受ける苦患が、死に姿の残虐さが深甚でなければならなかった。

お初・徳兵衛が死ぬ姿へのあくなき興味と関心、男女の情死体への視線にも、猟奇心と凄惨な死にざまへの畏怖の感情とが分かちがたく溶け合って籠もっていたろう。このお初は息絶えた後、自分が残したナマの死骸がどれだけ物見高い世人の好奇の目に晒されたかは知らないはずだった。

なんだか急に、隣を歩いているお初がひどく可哀想になった。お初は素っ裸で歩いているようなものだった。筆者は自分でも気づかぬうちにお初と手をつないでいた。手はひどく冷たかった。

このとき、突然まわりの景色が白っぽくなり、東の空が明るくなった。大都会に夜明けが訪れたのだ。街路の両側に立ち並ぶ店舗の屋根や壁が現像中のフィルムのように輪郭を顕わし、まだシャッターを下ろしたままの酒屋だの、電灯が消えている赤提灯だの、蓋がはじけるほど中身の詰まった青いゴミ容器だの、人びとが寝静まっている盛り場の朝景色に特有の雑然と薄汚れた眺めが視界に広がった。

朝の光が、筆者とお初のあいだに割りこんできたのだった。

透明なゼラチンの膜のようなものがふたりのあいだに割って入り、ふたりを分けへだて、その表面が池のさざなみのように揺れた。つい今まで大阪の現景と二重写しに見えていた青田の眺めも、近くの橋と水も、雑草の茂る堤の道も、そして聞こえない声でなにかを懸命に告げているお初の表情もしだいしだいに薄れ、文目《あやめ》がおぼろになり、ぐるぐる回転しながら、どこと も知れぬ方角へ遠ざかっていった。

乳白色の靄が立ちこめて、もうお初の顔も姿も見えなかったが、手にはまだほのぼのとぬくもりが残っていた。その皮膚の記憶が逆にお初の不在を生々しく感じさせる。会って言葉を交わしたのはとてもほんとうとは信じられないほど短い時間だったが、いなくなってしまったいまとなっては、筆者が生きた時間がこの邂逅《かいこう》の一瞬に流れこむために経過していたような気がするほど貴重に思われた。

しかし、甘美な愛惜の情に浸っている暇はなかった。ふと我に返った筆者の周囲ではさっきまで神社の鳥居外の小広場に屯《たむろ》していた奇怪な種属が夜という虚飾を剝ぎ取られて薄汚ない現実の身なりをさらし、思い思いの方向に散りはじめている。あたりで都会の朝の物音がしていた。

三

一九九〇年代後半の一時期、筆者がいい年をして大阪キタをときどき訪れるようになったのには、あのときの不思議な出会いがきっかけになっていることは確かだ。場ちがいなのはわかりきっていた。この界隈を歩くのに似つかわしい身なりをしていないことも承知の上だった。

いまから思えば、一種の意地が筆者を動かしていたとしか言いようがない。

お初天神の境内で夜を明かしてお初その人と出会ったなどとは、とても人に話せることではなかった。誰も信じまい。つまらないジョークと思われるか、頭が変だと思われるかのどちらかだ。自分自身でさえ、あれはほんとうに起きたことなのか、それともただの夢だったかはっきりしないありさまなのだ。

それでも時間か次元か覚醒か、なにかの強い力が手をつないだふたりを引き離したとき、筆者の手のひらに消え残っていたお初の小ぶりな手の記憶は、いまだに生々しくよみがえった。拭い去ることのできない触感が消え残っていて、お初が現実の存在であることを証し立てているのだった。

元禄十六年（一七〇三）という「時」は、いまからほぼ三百年の歳月を距てて過ぎ去っている。しかし、いま梅田の地を掘れば、大阪湾が湖沼地帯だった時代、海底だった時代、海の入りこんだ一面の湿地帯だったころなどの地層を掘り起こせるように、元禄の時間層に行き着けるのではないか。

一七〇三年の梅田界隈というのはひとつの《時空圏》である。この辺を歩いていて、ひょいと角を曲がるように——正しい曲がりかたさえすれば——その特定の時空圏に足を踏み入れられるはずだ。

が、梅田界隈の現在はさまざまな地表や構造物ばかりか、時間の沈澱物・堆積物が重層して複雑に屈曲し、あの夜たしかに開いていた界面をすっかり覆い隠していた。お初が姿を見せる回路もすっかり塞がれているにちがいなかった。

そうはいっても、筆者は別にお初との再会を信じてこの一角を歩きまわっていたわけではない。半信半疑だったというのも当たらない。それはどこか、夜の盛り場でバーを次々とハシゴする男がこのドアを開けたらなにか特別のことが待っているのではないかと思い描く淡い期待感に似ていた。けっきょくなんにもないだろうとは知りながら、ついふらふらと次の場所を探してしまうのだ。

思えば、あの一時期は、あまりまともな生きかたをしてこなかった筆者の半生の中でも、ことにめちゃくちゃな期間だった。身分不相応に遊んでいたと言われれば、たしかにそうでしたと認める他はない。第一、月に一度でもキタで飲むカネを、筆者はどうやって調達していたのだろうか。

自分ではアブクゼニと呼んでいた不定収入はあらかた飲み代に消えた。あのころ、一九八〇年代のバブルはもうはじけていたが、真面目なものやら、ちょっと肩の力を抜いたものやら、あちこちに書き散らした原稿料からはそこそこの収入があったのだ。

アブクゼニをまともな用途で使う気はなかった。だからけっして安くはない請求書の額を見てもたいしてたじろがず、高いの安いのと騒ぐことはなかった。こういう場所でオドオドするな！　生得の見栄っぱりがそう筆者に命じていた。

この界隈の店はやたら格式が高かった。京都の祇園みたいに、イチゲンの客は入れないのだそうだ。身分を明かし、資格のやかましいクレジットカードを示しても頑として聞かない。そうなるといよいよ意地になる。近くにある地下の酒蔵ふうのバー——このあたりでは老舗《しにせ》だった——のマスターに口を利いてもらい、その紹介でようやく表通りのさるクラブに入った。

あとから考えればバカバカしい意地を張っていたものだ。どうもあまり歓迎されている雰囲気ではない。当人はいくらイキがっていても、店のほうではこちらをどこの馬の骨かと思っているようすは見え見えだった。当方のヒガミのせいか、筆者の隣にはおとなしそうな、体格も容貌もいひとついという感じのホステスしかまわされてこないようだった。奥のテーブル席では、二、三人の男が野太い声を張り上げて気炎を上げていた。

「O市役所のエライさんですわ」

ウイスキーを氷で割っていたホステスが耳元で囁いた。筆者が不審そうに向けた視線に気づいたらしかった。

「いつもあんな調子なんですか?」

「おいでになって楽しうしてもろてます。出入りの業者さんの接待ですし」

もっと向こうのボックス席ではひとりの恰幅《かっぷく》のよい客がシートに寝そべり、傍らのホステスに足を揉ませていた。こちらがそそぐ咎めるような視線は尊大な表情で無視された。

「O大学のH先生よ。テレビにも出はってとても有名な方」

隣のホステスが取りなし顔をして教えてくれた。あからさまに、この人が誰だか知らないのかという顔つきをしていた。見て見ないふりをするのがエチケットらしかった。筆者は絶句するほかない。話の接ぎ穂がなくなったと見えて、

「お客さん、あんまりこういうところにお慣れになっていないみたい」

「あ、わかりますか」

「まあね。えろうカタイ感じやわ。そないにコチコチにならはったら、うちらどうお相手したらええかわからへんわ」

「すみません、どうも不器用で」

「お客さん、東京の方やね。ご出張ですか？」

「いいえ。勤め先はこちらです」

「ふーん」と不審そうに、

「それにしては、言葉が関東やから」

「もう二十年以上も関西暮らしをしているんですけど、言葉だけはどうしてもよう直りまへんわ」

「気味悪いわ。その変な関西弁、やめたほうがよろし」

「なるほど。それもそうだ」

こんな調子だから、たがいに話に興が乗らないことおびただしい。焦ったホステスがいろいろ見つけてくれる話題にも、当方ははかばかしく反応してやれず、相手を困らせるばかりなのだ。

とうとうホステスが取っておきの話題を披露するという感じでいった。

「ねえねえ、○○さんをご存じでしょ？　テレビで見たことない？　たびたびお店においでになるのよ」

「はあ、そうですか」

そういう芸能人は知らなかった。まさか知ったかぶりもできないので、気のない応対しかできなかった。どうやらひどい失敗だったらしい。相手はすっかり鼻白み、気まずく黙りこんでしまった。機嫌を損じたようだ。

ピアノが鳴り出した。気がつくとフロアのまんなかに黒塗りのグランド・ピアノが置かれており、華やかなピンクのドレスで身を飾った若い女が、鍵盤に向かって器用に指を走らせていた。

演奏が終わるとあちこちで拍手が起きた。ホステスたちはもとより、客たちも手を叩いている。そうするものらしかった。だから筆者も自席でパチパチと拍手した、弾き手は嫣然《えんぜん》と職業的な微笑を見せて一礼すると、ピアノを離れていった。

しばらく間を置いて、黒いチョッキに蝶ネクタイをつけた初老の男がピアノの前に座った。客たちの歌が始まる。市役所の連中が代わる代わるコードレスマイクを手にしてステージに立ち、得意の歌を披露するのだ。みんな遊び慣れたようすで、びっくりするほど芸達者だった。ピアノの伴奏も堂に入ったもので、年配者の演歌から若僧のロック調までなんでも如才なく弾きこなした。初めて耳にする歌でも、苦もなくコードを見つけるようだった。

筆者は、つくづく自分が芸なし猿であると思い知らされ、だんだん萎縮してゆくのに反して、隣のホステスは活気づいた店の雰囲気にはしゃいでいた。気詰まりな会話から解放されると喜んだのかもしれない。やがて「お客さんも一曲いかが」と勧められる番がまわってくるのは目に見えていたので、筆者は早めに撤退を申し出ることにした。

「あらあら、お客さん、もうお引き取りにならはるの？　せっかくお歌を聞ける思うてましたのに」

ホステスが見えすいた愛想を言い、それでも内心ほっとした気持ちを隠しきれず、妙にてきぱきとボーイを呼んで勘定書を命じる。目の玉の飛び出るような額をカードで支払って店を出た。くだんのホステスが、店のしきたりなのだろう、店の前の道路まで送りに出てきて深々と頭を下げた。

バカにつける薬はないというが、この時期の筆者はこの諺をそのまま絵にしたような暮らしぶりだった。一度でやめておけばよいのに、またぞろ性懲りもなく、なんどもキタの歓楽街へ足を運んだのだ。

それは、いつかお初と不思議な出会いをした初夏のあの日から、一年ばかり経ったやはり初夏のある晩のことだった。

そのころは筆者も筆者なりに身のほどをわきまえてきて、だんだん自分の背丈に合った店を選ぶようになっていたから、立ち居ふるまいからもようやく肩の力が抜けていたと思う。筆者がその女性――かりに「初子」と呼んでおこう――と出会ったのも、その晩はこちらに妙な力みがなかったからにちがいない。

初子もやはりその店にいるホステスのひとりだった。特別に美人というわけでもなければ、才気煥発というのでもない。むしろ人目に立たないタイプで、初めのうちは物をいうのも控え目だった。筆者は初子が最初にボックスに辷《すべ》り入るように加わって筆者の隣に座を占めたときの印象を覚えている。

「こちらの方、お仕事はなにかしら？　会社にお勤めじゃあないみたいですわね」

この都会では経済実益を挙げない人間は洟《はな》も引っかけられない。インテリは嫌われる町だ。だから筆者はこれまで大学勤めという本職のことはいわず、ただ「物書き」と称することにしていた。いろいろな雑誌、とくに週刊誌に時々雑文を書き、運よく連載などをもてばこういう場所の飲み代ぐらいはなんとか稼げるという話で誤魔化してきた。

だが、なぜだか初子にたいしては、いつものように煙に巻くことはできないような気がした。「なんのお仕事？」と聞き出すことこそしなかったが、だいたいのことは探り当てたようだった。筆者のテーブルについた他のホステスたちがよそからの「ご指名」でひとりずつ呼ばれていき、残ったのが初子だけだったことがあって、いつのまにか筆者は初子を独占する恰好になっていた。

筆者は人間が甘かったのだろうか。あなたはふつうの客とはちがう、この店は個性のある客に「特化」するようにしています、こういう店をお選びになるとは、お客さんとてもお目が高くていらっしゃるわ……といった、冷静に考えればかなり歯の浮くような殺し文句を聞き流していたのも、相手の話術に乗せられて、丸めこまれていたからでもあろうか。

それがどうであれ、筆者はわれ知らず初子との会話に引きこまれ、いつしか自分のことばかりしゃべり立てるのに夢中になっていた。日ごろあまり自慢話をするほうではない。それが初子を相手にすると、われながら大人げないと思うほど、無防備に自分をさらけ出していた。

ふつう、こういう場所で働く女性は客がなにを言っても逆らわないものだ。しかし初子は話芸のうちなのか天性なのか、適当にこちらをさえぎり、言葉をかえすすべを心得ており、それがいよいよ会話をはずませた。

「そうね。おっしゃるとおりかもしれないわ。でもね、それはそれでお客さんそれぞれの甲斐《カイ》性《ショ》ですわ。みなさん、立派な地位のお方ばかりですもの」

初子がこう言ったのは、筆者が日ごろから腹のなかに溜めているクラブ客への憤懣を口にしたときだった、要するに連中は「経費」じゃないか——と、筆者はいつぞや見かけたO市役所の面々を思い浮かべながらいった——、官民接待だろうと契約成立を祝う民々接待だろうと同じことじゃないですか、ぼくはそうじゃない、多少無理はしているけどいつも身銭を切っています。先刻からの酔いも手伝って、筆者はそのとき、そんなふうにオダを上げていたように思う。

「よくわかっています」

辛抱づよくこちらの大口を聞いていた初子が静かにいった。たしなめるような口調だった。

「でも、お店にしてみればお金の出どころはどこでもいいのよ。お役所でも会社でもちゃんとハンコを押してくれれば、入金するのはまちがいないわけ。お店としては安全だし、ハンコを押させられるということは、その人の実力と見られるわけですわ。まあ、当人の甲斐性ということやな」

「まいったな。まあ、それもそうかな」

「あら、いやに素直にお認めになるのね」

「やっぱり口ばかりじゃだめなんだ」

「そないにしょげられたら困るわあ」

関西ではツッコムと称するが、相手の立場を一度形なしにやっつけることでかえって会話に活気を添えるという独特の話術がある。初子が筆者に向けたのもそのたぐいのチョッカイで、ふたりはけっこうこのやりとりを楽しんでいたのである。少なくとも、筆者は意気投合したと信じた。

初子も身の上を語った。いまクラブで働いているが、ほんとうは役者志望で小さな劇団に属し、もっと上をめざしてある演劇研究所に練習生として通っていること。発声の稽古では共通語のイントネーションで毎回しぼられるという苦労話。

「そやから、お客さんの東京弁を聞いていて気持ちがよかったのよ」

「そんなことだったら、いつでもお手伝いできます」

筆者もまんざら悪い気分ではなかった。

店が終わってから、この業界の用語にいわゆる「アフター」にも予想外にすんなり応じてもらえた。いっしょに店を出る前に着替えてきた初子のツーピースにオレンジ色のスカーフが似合うのも好もしかった。しかも、ビルの地下のこざっぱりした割烹《かっぽう》料理屋で軽い夜食をすませたとき、筆者は初子の口から出た言葉を聞いて、ほとんど自分の耳が信じられなかった。

「わたし、その先にあるマンションに住んでいるのよ。よろしかったら、ちょっと寄っていらっしゃらない？」

読者はどうか、筆者が調子に乗ってホラバナシをしていると思わないでいただきたい。筆者は有頂天になっていた。自分の幸運が信じきれない思いだった。しかし、こんな僥倖《ぎょうこう》が現実に起きていたのだ。目の前にいる初子からは、一点の邪意も感じられず、天真爛漫そのものに見えた。

それから数時間の記憶がはっきりしないのは、筆者が次に起ころうとしていることへの期待感ですっかり頭がいっぱいになり、見れども見えず、聞けども聞こえずという状態に陥っていたからだろうか。たしかに、筆者は多少卑しく、物ほしげに見えていたにちがいなかった。連れ立って歩いている初子の気が変わりはしないかと、そればっかりが気がかりで、キタの裏路地をどうたどったか、エレベーターにどう乗りこみ、初子の自室にどう入ったかはさっぱり覚えていないのだ。

記憶によみがえるのは、リビングで着衣を脱ぎ、下穿きだけになって筆者の待つベッドに黙って身を横たえた初子の二の腕に彫られた一輪の薔薇の花だった。裸の腕はふくよかというより、健康に太い感じで、その肌に彫りこんだ花弁はただ藍色の輪郭線で描かれているだけだったが、その単一さはかえって絵の具を注がれなかった薔薇の色彩感を暗示した。

「これ、いつ彫ったの？」

筆者は、唇で薔薇の輪郭をなぞってたずねた。腕の肌は見かけよりひいやりとしていて、ちょっぴり汗の味がした。

「中学生のときやったわ。自分ひとりで彫ったんです」

「痛かったでしょう」

「それほどでも」

初子はそれ以上語らなかった。なにか事情があるらしかった。筆者も口を噤んだ。月並みなことを口にしてもしかたがない。なにも言わずに肩を抱き、シーツの上に折り重なる。初子が下穿きを腰から剝がそうと身をくねらせたので、清楚に刈りこまれた陰毛が目についた。面積は狭かったが、濃い繁茂はその奥に秘めた肉の薔薇をたっぷり予感させた。

筆者はせっかちに幾重もの花弁を唇でこじ開けて、芯の部分ににじり寄った。

初子が短く、鋭い声を発した。小さな悲鳴のようだった。そして両手で筆者の頭髪を撫でさすり、身体を上方にいざなった。初子を押し伏せるように上にかぶさり、指がその部分へ導くのに任せる。ころ合いを見すまして内部に刺し入れたとき、初子の温かな、安堵したような吐息が洩れた。

上を向いた初子の顔には、男を受け入れた一瞬、どんな女にも訪れるあのたまゆらの死相に似た容貌が刻まれた。固く目をつぶり、眉根を寄せて苦悶とも随喜とも分かちがたい表情を浮かべ、閉じられた瞼の上にもうひとつ新しい目が出現したようだった。かと思うと、時どき半眼を開いて筆者を見る。その視線は定まらずさまよい、白眼の部分はうっすら青みがかって潤み、内側から発する微光を帯びて、さながらあの世から臨在してくるなにかを待つ巫女《ふじょ》のようだった。

が、組み敷かれた初子の体軀は、それとは裏腹に激しく動いていた。両手が筆者の尻をつかみ、さらに奥へ導き入れようとするかのように下腹部を押し上げる。厚みのある襞《ひだ》が伸縮して通廊を開く。奥まった肉洞が筆者の海綿体を包み、なんどもなんども咀嚼《そしゃく》するように嚙み含める。陰茎が破断点に向かって膨脹する。膨脹する。懸命にもちこたえたが、ついに怺《こら》えきれず目くるめく絶頂がやってきて、抑えた呻きとともにどっと粘塊の連珠を放出する。永遠に続くと感じられる痙攣が尻をふるわせる。

初子も叫びを押し殺して腹を波打たせ、可憐にも腰をぐいぐい密着させて、体腔に間歇的に吐き出される真珠色の雫を貪りつくした。ふたりの身体が手を離した文楽人形のように硬直し、脱力してがっくり折り重なった。

ややあって仮死状態から醒め、身を引き剝がす。初子が微笑を湛えて見上げていた。呼吸はまだ治まりきらぬようで、小ぶりな乳房がせわしなく上下している。寝室じゅうにものなつかしく淫靡な匂いが立ちこめる。塞がれていた部分から、どちらのものとも知れぬ体液が流れ出す。痺れるような疲労感が筆者の身体をけだるく浸していた。

筆者は、ふと室内の空気に、嗅ぎなれた自分の分泌物とは異なる匂いが混じっているのに気がついた。香水ではない。乳製品のように甘ったるい匂いになにか刺激的な異香が混じりこんでいるのは、初子の分泌液だからなのだろうか。それはちょうど室内に一種の卓越風が吹きわたったように他の残香を圧してシーツに沁みこんでいた。発生源は初子の身体の一部にあるらしかった。

「いい匂いがしてる」

顔を埋めてこういうと初子は恥じらった仕草で身をよじり、股間の始末をひとに任せ、自分は両腕を頭上に伸ばして枕をなおす。見ると、左の二の腕に、薔薇の花弁がみずみずしく生色を放っていた。ふたたび唇を這わせると初子はくすぐったがってくっくっと笑った。

だが、あとで思えば、その目は笑っていたかどうか。いま、そのときの自分が演じていた痴態のことを思い出すと顔から火の出る思いだが、後知恵が思い出させるのか、初子の見せていた表情の細かな部分がはっきりと目の前に浮かぶ。初子はなにか言いたいことがあるのに口に出せずにいる自分自身を腹立たしく感じているという風情だったのだ。

初子は自分の下腹部も一種の放射源であること、時として男に分別を失わせる呪力のようなものを拡散していることを意識しているのだろうか。いや、運動選手がこの程度の手足の開きだったら空気抵抗はこのくらいと測定するのと同じ種類の知覚しかもたないだろう。ちょうど猫が自分の魅力には無頓着にアクビをするように。それなのに筆者は鈍感にも、いっぱしの恋人気取りで、右、左と首を振って逃れる初子をつかまえて口をこじ開け、歯のあいだに舌を割りこませたりしたのだった。娼婦はゼッタイに唇を許さないものだという俗説がちらりと頭を掠めた。だとするなら、初対面の日からなにもかも自由にさせるこの女性はいったい何者なのだろう。そう考えようとしなかった筆者はただの鼻下長《びかちようぞく》族にすぎないではないか。——とはこれっぽっちも考えず、そのときの筆者は野放図に浮かれていた。

どうもガツガツしすぎていたようだ。ただ強引に唇を塞いでしまい、そのとき、初子が言いたくても言えなかったことを想像することさえできなかった。

自惚れはどうしようもないものだ。ふつうの人間だったら気がついて当然のことを、迂闊にもてんから忘れていたのだ。

筆者ののぼせ上がった幸福感はそういつまでも続かなかった。雲ゆきが怪しくなったのは、その後トイレに立って、新しい下着を付けて戻ってきてからのことだった。ピンクのバスローブをまとってベッドの端に腰を下ろした初子はきちんとパンティを穿いており、それが手の届かないところにしまいこまれているのが筆者には物足りなかった。

その不満を見透かしたような得意そうな色が初子の目にちらりと浮かんだ。そして筆者は初子が初めて聞く冷たい声で、標準語を使って言うのを聞いた。

「お家にお帰りになるんでしょ？　もう遅い時間よ」

四

「アホか！　おまえ、アホやなあ。そないなこともわからへんのか！」

K新聞社に勤めている友人は筆者の話を聞くなりいきなりこんな調子でどやしつけた。「どうしてまた、あんなに突然、相手の態度がガラリと変わったんだろう？　そのちょっと前まではけっこう上機嫌で、ごく親密につきあっていたのになあ」

「だからアホというとるんや。おまえ、ほんとうに彼女の考えてたことわからんか？」

「さっぱりわからん」

「常識やろ？」

「常識って、なんの？」

「それも知らんのか！　呆れた男やな。彼女はちゃんとさせてくれたんやろ？　なのにおまえは、きちんと払わなかったんか？」

「払うって、なにをさ？」

「ったく、腹の立つ奴やな。相場というものがあるやろ。決まりになっとる相場をしっかり置いてきたかというとるんや」

「そりゃあ」と、筆者は友人のあまりにあけすけな言葉に辟易《へきえき》しながら返事をした。

「考えないでもなかったけど、カネなど出したらかえって失礼にあたると思って」

「おいおい。それで知らん顔をしたんか？」

「別に催促されなかったぜ」

「非常識やなあ。そういうのを世間ではただ乗りいうんや。料金を踏み倒すのはアカンでえ」

「どうして？」

　こう応じたのはなぜそんな露骨なことを口にするのかという意味だったが、友人はそれを「なぜ金を払わねばならないのか」と訊ねられたと誤解したようだった。筆者の無知には手のつけようがないと、ひとしきり憤慨して毒づいてから、友人が教えてくれたのはこういう社会でのイロハだった。

「化粧品代でも衣装代の足しにしてくれでもええんや。なんだったら花束の代わりに渡しておくということにしてもかまわん。あからさまに言うのは禁物やで。向こうにもプライドがあるからな。名目が立てばええんや」

「それでいいのかなあ」

筆者は力のない声でいった。ほんとうは、心の底では友人の容赦のない言葉づかいにすっかり不愉快にさせられて、筆者はひどくいらだっていたのだ。いくらなんでも「させてくれた」はないだろう。筆者と初子との聖域にずかずか泥靴で踏みこまれたような気がして、筆者は不機嫌だった。

しかし同時に、心の片隅には、友人が言っていることは真実にちがいないという直覚のようなものがうずくまっており、それがだんだん逆らいがたい力をもってくるのだった。それでもなお、筆者は真実を認めたくなかった。友人の言うとおりにしたら、それこそ初子に恥をかかせることになるではないか。

「それでええんや」

友人は筆者の世間知らずぶりにとうとう匙を投げたのか、ちょっぴり怒気をゆるめてひとりでうなずいた。

「それでええというより、世のなかはそういうものなんだ。そうできてるんだって」

こう言われれば、筆者はグウの音も出なかった。やたらに恥ずかしかった。いまやっと、なぜあのとき、初子がなぜモジモジと物を言いたげだったのかが理解できた。かわいそうに初子は、切り口上で相場どおりの「対価」を要求することができず、筆者がこんな場合の不文律にしたがってしかるべき金額を手渡すのを期待してあんなにウジウジしていたに違いなかった。

「なるほど、よくわかった。ともかくありがとう。なんとかするよ」

筆者は羞恥心に顔を赤くし、それでもなんとか体裁をつくろいながら、まだしきりにぶつぶつ言っている友人を後に残して、さっさとその場を退去した。

どうしたらよいだろうか？　まず大至急また会って、自分の世間知らずを詫びなければならない。なんといおうと、しきたりを知らなかったのは失態だった。いや、大醜態だった。筆者がドジだったばっかりに初子をとんでもない窮地に立たせてしまった。そう考えると筆者は、嘘ではない、しんそこ身が細る思いだったのだ。

いまとちがって十円玉を使って路上から電話をかけられた時代である。筆者は必死になって公衆電話を探し出し、十円玉をいくつも用意してもどかしくボタンを押した。番号は昨夜のうちにちゃんと聞いてあった。なにを隠そう、電話番号まで教えられていることも、筆者をだいぶ天上に舞い上がる気分にさせていたのである。電話はすぐ通じた。受話器を取ったのはたしかに初子だったが、その声は変に硬く、よそよそしかった。とても昨夜の初子と同じ女性とは思えなかった。

「失礼ですが、どちらさまでしょうか」

「え？　あのー、○○ですが……。先夜、そちらにおうかがいした者です」

「はあ？　なんのことですか。心当たりはありませんけど」

「先夜お宅に寄せていただいた○○ですが！」

「○○といわれるお方は存じ上げませんけど……。おまちがえではありません？……いややわ。まちがい電話やわ」

　この最後の声は通話口を手で囲って誰か側にいる人物に言ったようだった。どこかの他人が初子といっしょにいる。しかも声の調子では、ごく近くに寄り添っている感じだった。突然、自分でも思いがけない怒りが湧き上がってきて筆者は一瞬我を忘れた。

「まちがいじゃありません。Q大学の○○ですよ。もうお忘れですか？」

　声が大きくなっていた。受話器を握っている手も震えていたかもしれない。いくら気をおちつかせても自然に詰問口調になった。おとなげないとは思ったがとまらなかった。電話線の向こうの声はいささかも動ぜず、

「記憶にございません。○○さんとおっしゃるのですか、そうお名のりになっても、お客さまは大勢いらっしゃるものですから、とてもみなさん全部を覚えているわけには……」

「わかりました！　いちいち覚えてはいられないというんですね」

「すみませんねえ。なにかお気に障るようなことを申しましたかしら」

「いや、もうけっこうです！」

　筆者は憤然ガチャリと受話器を叩きつけるように置いて電話を切った。うしろに並んで公衆

電話の順番を待っていた人びとが好奇の視線を向ける。筆者は人目を避けて急いで人中にまぎれこんだ。なぜか「夜ごとに変わる枕の数」というなにかの芝居のセリフが口の端に浮かんだ。たしかこれは、花魁《おいらん》に愛想づかしをされた田舎大尽が満座のなかで赤っ恥をかかされ、恨みをこめて述懐するくだりだ。筆者は苦笑した。不体裁を笑い飛ばそうとしたその苦笑はいつしか苦い自嘲の笑いに変わり、筆者は情けない顔をできるだけ人に見られないように俯いて神戸の繁華街を歩いた。初夏のいでたちをした男女の何人もの通行人とすれちがったが、実際にはなにも見えていなかった。

あてもなく繁華街の人混みを歩く筆者が、ひたすら脳裏に思い浮かべていたのは、恥ずかしながら、あの夜あわただしい別れ際に、初子が引き上げた下穿きに隠されるのを盗み見た翳った部分だった。

筆者はさぞ卑しげだったにちがいない。でもあのときの筆者はやるせない哀惜の想いをこめて、無雑作にこちらの視線からさえぎられていく蠱惑的《こわくてき》な暗がりに目を注いでいた。その映像は今も鮮明に網膜に消え残っていた。

そこになにがあるのだろうか。その奥の部分にどっと自己を放出したときには、たしかにそこには、束の間の忘我の間だけ、なにか花やいだ肉色の幻めいたものが実在したような気がする。しかしそれはただちに、あの伝説の「逃げ水」のように、すばしこくわが腕をすり抜けて、あとに名残だけが残される。このいつも過去形でしか存在しない体感はいったいなんの痕跡なのだろうか。

筆者は、いつかの出会い以来、天満屋のお初についていろいろ調べたこと知ったことを次々と思い起こしながら三宮《さんのみや》の雑沓を歩き抜けた。人目にはきっと放心しているように見えただろう。

そうではなかった。筆者はひとつのことに神経を集中し、ある記憶を呼び返そうと一心不乱になっていたのだ。記憶を呼び覚ます作業は、恥ずかしながら、初子の肉襞をなぞることに似ていた。初子とすごしたわずかな時間の記憶はその物あたたかい触感によってでなければ、よみがえってこなかった。女を知るとは触知することだ。であるならば、思い出すのもあれほど密着した接触面を想起することでなくてなんであろう。もしかしたら、筆者はあの晩交わした会話の声音を初子の肉声で復原しようとしていたのかもしれない。

なぜあんなにも急に、筆者は初子の店に行ってみようと思い立ったのかわからない。ともかく筆者は少しでも早くもう一度初子と会い、自分はなるほど迂闊ではあったが、けっして初めから「乗り逃げ」などする気持ちはなかったことをきちんと告げたかった。だから三ノ宮駅近くのATMに立ち寄ってありたけの預金を引き出したのだ。

筆者は無我夢中でJRの快速電車に乗りこんでいた。二十分ほどで大阪駅に着く。御堂筋口を出て、御堂筋をちょっとだけ南下。メインストリートを適当に右折すれば、もうそこは北新地と呼ばれる界隈だ。元禄の地形にあてはめれば曾根崎と堂島のまんなかぐらいだろう。

時刻はぼつぼつ夕方の六時になろうとしていた。初夏のこととて日が暮れきるには少し間があり、方々のビルにはまだネオンが灯っていなかったので、日ごろ見馴れているはずの街景がまるで見知らぬ町の眺めのように見えた。目に読み取れる看板の文字をたよりに、懸命に記憶を当てはめる。いま立っている場所は新地本通りのはずれらしい。

初子のいたクラブは、この本通りから一筋奥に引っこんだ裏通りにあったはずだ。覚えのある道筋をたどり、記憶に残っているペーヴメントを踏んで、ここだった、いや、その隣の店だったと、一軒一軒、心当たりのあるクラブの厚いガラスドアを開け、なかを覗いて確かめて歩いた。

自分でも見られた恰好ではなかったと思う。店のなかに首を突っこんで「すみません。まちがえました」というたびに店の人びとの表情が、愛想笑いから冷たい無関心へと現金に切り替わった。しまいには同じ場所を二度、三度と覗くこともあり、マネージャーやボーイたちが露骨にいやな顔をして見せるようになった。こちらの肩をつかんで店の外へ押し出そうとする者さえいた。筆者は初子をまた見つけ出したい一心で半狂乱だったと言われてもしかたがない。

けっきょく、あの晩、初子のクラブがあった一角には、目当ての店は見つからなかった。不思議だった。影も形もないのだった。すっかり途方に暮れた筆者はふと一計を案じ、最寄りの公衆電話を探した。クラブの番号はまだ覚えていた。プッシュボタンももどかしく、受話器を耳に押し当てて相手が出るのを待つ。呼び出し音が十回続けて鳴り、コインの落ちる音が聞こえたと思ったら、電話は録音した声に切り替わって機械的な調子で告げた。

「オカケニナッタ電話番号ハ現在使ワレテオリマセン。番号ヲオ確カメノ上オカケナオシクダサイ」

注意深くかけなおしてみたが、結果は同じだった。同じ声が同じメッセージをくりかえしたあと、プツンと切れた。

頭に血がのぼった。全身がかっと熱くなり、なんだか視野が小さくすぼまって、住所録を探る手も心もとなかったが、筆者は一度かけたことのある初子のプライベートな電話のナンバーを念のために確認した。また冷たい声であしらわれるかもしれない。しかしその肉声が聞けるのはまちがいない。筆者は祈るような気持ちで呼び出し音が連続するのに耳を澄ました。ふたたび、あの没個性的な声がこの電話は使われていないと返事をした。

筆者はその夜、この電話は今後けっして誰も取ることはないだろうと悟るまで、いったい何度ボタンを押しただろうか。

無駄な動作をくりかえしているうちに、筆者の頭の後ろの部分にいやに冷たい氷の粒のようなものができ、全身を熱くして初子を探し出そうとする筆者の姿を電話ボックスの外のどこか遠くから眺めていた。緑色の電話に未練たらしくしがみついて、呼び出し音をいつまでも鳴らしている自分が視界の隅に見えた。

……万事が自然に了解されてきた。なにかがピタリと閉ざされたのだ。お初や初子が棲息するどこかの時空へ通じる洞穴はふさがり、もう二度と開通することはないだろう。咽喉の奥で悲しみの塊が固く膨れ上がった。

あとがき――最初に読んでいただきたいエピローグ

これまで主として幕末維新ものを手がけていた筆者が、一挙に二百年もさかのぼって元禄から再スタートするのはなぜか。まずその理由から申し述べることにしたい。

筆者が体感したところでは江戸元禄から現代社会までは一続きである。元禄元年（一六八八）から数えて現在（二〇一七）までざっと三百三十年。もちろんその間には細かな時期区分があり、時期時期でその都度新しいことが起きているのだが、この三百三十年を通じてわれわれは結局同じ種類の状況に直面していたのではないか。権力と富との葛藤だ。

そんなことはいつの世にもあったではないか、と言われるかもしれないが、元禄の場合はちょっと違う。人の世には、権力が富を所有する時代が長く続いたが、元禄を境に、富が権力を所有する時代が始まる。両者の反目と共謀のドラマは現代にも持ち越され、さらに増幅されている。元禄人と現代人は気心が通じる。つまり同じ心性を共有している。

ことによったら、「げんろく」という日本語には言霊《ことだま》が宿っているのかもしれない。でなかったら、ゲンロクという音韻に人心を躍動させる響きが籠もっているのかも。そう考えたくなるほど「元禄」なる元号には特別魅力的な音感がある。なんとなく気を惹かれるのである。

国語辞書のたぐいを調べてみると、「元禄何々」とこの語を冠にした語彙が非常に多いのに気づく。それもなぜか派手好みで浮かれた感じのものなのだ。

昭和生まれの筆者の耳に「昭和元禄」という流行語が残っている。もうそんな言葉がはやったことも忘れられているだろう。一九六〇年代の高度経済成長期を元禄の天下太平になぞらえたのだ。いまでは人気アニメで有名になっているだけである。そういえば日露戦争に勝ってやたら景気のよかった一九一〇年ごろにも元禄ブームが訪れたことがある。「元禄小袖」が売れたのもこの時期だし、「元禄花見踊」が作られたのもそうだ。平成の後、わが国がどんな元号になるかは知らないが、今後、もし、ふたたび好況・活況、というより、消費文明の盛況期が戻ってきたら、日本はまた「〇〇元禄」と呼ばれる時代をくりかえすにちがいない。

では、その元禄とは、いったいどういう時代だったのだろうか。

現代が成熟しきった貨幣経済の時代であることは誰にもよくわかっている。爛熟・過熟といっても言いすぎではない。まさに「銀《かね》が銀《かね》もうけする世」「資《もとで》を持ったる人の利得を得る時代」（井原西鶴）なのである。そしてそのような世相が日本の歴史上初めて生まれ、人びとにまだ物珍しかったのが元禄時代だった。貨幣が天下を制覇しつつはあったが、まだ社会の全部に及ばず、カネが人を使うのでなく、一攫千金《いっかくせんきん》を企むとか破産して零落するとかいろいろ成功や失敗はあっても、ともかくまだ人がカネを使うことができた時代である。

その時代から三百年以上も経た現代日本からふりかえると、元禄精神はきまじめな勤勉さや頑張りや才覚に満ちていながら、その根底になにか野放図で、アナーキーなものが感じられて、一種の郷愁を覚えずにはいられない。おそらく元禄と現代とは均質な時間を共有しているからである。貨幣は人間が作り出したものであるにもかかわらず、いつか人力を越えて万能を揮いはじめる――そんなしくみをごく身近に体感できるのが、元禄時代であり現代日本なのだ。

もちろん人間は生まれる時と場所を選ぶことはできない。いわゆる「存在被拘束性」（マンハイム）のなかにある。人間誰しもあらかじめ定められた、特定の時代社会に生まれ合わせるしかなく、生まれた途端に与えられる運命的な初期条件の下で、めいめいがただ手探りで這い進んでゆく他はない。その点では元禄も現代も変わることはないのだが、今はさしあたり元禄の話。芭蕉の付句に、

〽この筋は銀も見しらず不自由《ふじゆ》さよ

というのがある。この句を収めた俳諧七部集の一『猿蓑《さるみの》』が刊行されたのは元禄四年（一六九一）である。

一句の情景は、都会を離れた旅人がとある街道筋の茶店かどこかで軽食の代価に豆板銀《まめいたぎん》（少額秤量貨幣）を出したら受け取ってもらえなかったところである。双方が途方に暮れて顔を見合わせているようすが目に見えるようだ。貨幣経済とはいっても、農村地帯まではまだ銀遣いが浸透していない。まるでシステム普及の凹凸を絵解きしたような句ではないか。

こうして元禄の貨幣経済は着実に、しかし所々で不均等に発展して、周辺の人びとを巻きこんでいる。それにつれて、水面に投じた石が周囲に波紋を広げるように、あちこちに人間模様が織りなされてゆく。個々の人によって描く図柄はまちまちだ。しかし元禄社会の隅々隈々で展開されるドラマは、度合いのちがいこそあれ、貨幣の強盛な重力圏にとらわれている。

いま『元禄六花撰』と題したこの作品集では都合六つの人間風俗を描く。それぞれにテーマは違うが、六人六様に各人がそれぞれ懸命にそれなりの命を生き、そのことによって元禄風俗にもろに溶けこんだ人間を選んだつもりだ。各篇の内容を簡単に紹介すると以下のとおりである。

①「二流作家」

元禄は浮世草子の時代だ。井原西鶴はこのジャンルの創始者であり、第一人者だった。その西鶴に才能の勝負を挑んで、挑み続けて、ついに及ばなかった都の錦という男がいた。本篇はこの男のそれなりに波瀾万丈の生きかたをたどる。筆者自身、身につまされることがないでもない、マイナーの意地の物語である。

②「大奥のオイチョカブ」

徳川幕府の初期に江戸城大奥でトランプ競技が好まれていた事実をご存じだろうか。その時代の札が大切に保存されていて、六代将軍のころ、また使われた。しかもカードゲームの勝敗が歴史上重要な人事を決定した。この一篇は歴史がギャンブルで動いた一齣の物語である。

③「カネに恨みは数々ござる」

この語句は誰でも共感をもって口にしたことがあると思う。だが、これが最初に出たのが歌舞伎舞踊「京鹿子娘《きようがのこむすめ》道成寺《どうじようじ》」の長唄であることはあまり知られてないようだ。「鐘」と「カネ」とのかけことばは、けっして単なるダジャレではない。もっと深い語源学的な因縁がある。江戸の町娘の粋な手振りがそれを手話のように読みほどくだろう。

④「梅ヶ枝の手水鉢」

みんな若いころ、きっと一度はコンパの二次会かなにかでこの俗謡を聞いたことがあるはずだ。皿小鉢を叩いて、〽叩いてお金が出るならば、と合唱したかもしれない。苦しい時の神頼み、というより、スッカラカンの憂さ晴らしとして江戸時代に大流行したそうだ。たとえ茶番で演じても効験あらたかだったというお話である。

⑤「お初観音経」

現在は「お初天神」が有名で観光地化しているが、もともとこの場所には小さな観音堂があった。忠臣蔵の時代にも自分の性の悩みだけで心をいっぱいにしていた男女がいたという話である。しがない裏長屋に住み、ひたすら観音さまを信仰して済度される二人の応報譚。世を挙げて赤穂浪士による主君の仇討という「大事」にのめりこんでいる時期に、自分一人の性癖という「小事」にしか関心をもたない衆生《しゆじよう》の自己救済の物語である。

⑥「曾根崎の女」

近松門左衛門の有名な浄瑠璃『曾根崎心中』を下敷きにしたファンタジーである。一人の中年男、いや初老の男が、お初と思しい女と時空の狭間《はざま》をさまよう物語だ。いまの大阪キタは、時間の軸をずらしてみれば昔の大坂曾根崎と同じ場所なのだ。元禄時空圏と現代時空圏では時間の座標が変わるだけで空間はそのままのはずだ。重力は時空をゆがめることがあるそうだ。巨大地震波に洗われて時間軸に変動が生じ、お初が生きていた空間をひょっこり出現させたにちがいない。

ここにお贈りする『元禄六花撰』が、これまで汗牛充棟《かんぎゅうじゅうとう》、ゴマンとある元禄文化論の系譜になにか新しいものを付け加えられたとしたら、筆者としては望外の幸いである。最近考えるのだが、元禄時代のことを書くのが歴史小説で、昭和・平成を描けば現代小説だという二分法も、フィクションとノンフィクションを区別するのも、どこかおかしいのではないか。筆者がめざすのは、現実と仮想の境界を越え出たネオフィクションの世界である。なお末筆ながら、本書刊行のため粒々辛苦を厭われなかった講談社文芸図書第一出版部の横山建城氏に心からお礼を申し述べたい。

平成二十九年（二〇一七）十月二十五日

野口武彦

著者：野口武彦（のぐち・たけひこ）
1937年東京生まれ。文芸評論家。早稲田大学第一文学部卒業。東京大学大学院博士課程中退。神戸大学文学部教授を退官後、著述に専念する。日本文学・日本思想史専攻。1973年、『谷崎潤一郎論』（中央公論社）で亀井勝一郎賞、1980年、『江戸の歴史家——歴史という名の毒』（ちくま学芸文庫）でサントリー学芸賞受賞。1986年、『「源氏物語」を江戸から読む』（講談社学術文庫）で芸術選奨文部大臣賞、1992年、『江戸の兵学思想』（中公文庫）で和辻哲郎文化賞、2003年に『幕末気分』（講談社文庫）で読売文学賞を受賞。著書多数。近年の作品に『慶喜のカリスマ』『忠臣蔵まで』『花の忠臣蔵』（いずれも講談社）、『幕末明治 不平士族ものがたり』（草思社）などがある。

元禄六花撰《げんろくろっかせん》

2018年1月17日 第1刷発行

著　者　野口武彦《のぐちたけひこ》
発行者　鈴木　哲
発行所　株式会社講談社
〒112-8001 東京都文京区音羽2-12-21
電話　出版03-5395-3504
販売03-5395-5817
業務03-5395-3615
装丁者　鈴木正道
印刷所　慶昌堂印刷株式会社
製本所　黒柳製本株式会社

ISBN978-4-06-220840-6

N.D.C.913　254p　20cm